낯선 만남의
프랙토피아

설기환 지음

도서출판

소락원

프롤로그

낯선 만남

　인생은 매 순간이 낯선 만남의 연속이자 그 결과이다. 낯선 만남에는 자연, 물건, 기술 등과의 만남도 있지만 인생에 가장 많은 영향을 주는 것은 낯선 사람과의 만남일 것이다. 자고로 인간은 출생부터가 낯선 만남의 시작이다. 인간의 출생은 인간으로서 최초의 만남을 경험하는 장이다[1]. 무한한 미래의 가능성을 여는 시작이자 인류 역사를 이어가는 핵심이다. 탯줄로 연결된 복중과는 전혀 다른 세상과 만나기에 너무도 다른 낯섦에 울음을 터트리며 시작한다.

　엄마를 비롯한 가족과 낯선 만남이 익숙해질 즈음에는 또래의 집단과 선생님과 낯선 만남이 필수적이다. 이 만남은 온통 나만 존재하던 시기와는 다르게 나눔과 이끎을 경험하며 성장한다. 이런 성장 과정에서는 자신의 정체성을 찾는 낯선 자기와

---

1) 생명이라는 관점에서 인간의 존엄성과 생명권 등 고려하는 복잡한 고찰을 떠나서 사회적 상호작용에 참여하게 되는 시기인 태아가 모태에서 출산하게 되는 시기를 탄생으로 보고자 한다.

의 만남도 피할 수 없다. 군중 속의 고독이라는 터널을 헤쳐나와야 한다. 이제는 홀로서기도 가능하고 나름 성숙했다고 생각해 보지만 배우자와 직장과 같은 새로운 사회 초년생의 낯섦이 똬리를 틀고 기다린다.

나이가 들고 사회생활이 넓어지면 다양한 사람과의 관계에서 행복과 불행, 기쁨과 슬픔, 성공과 실패는 물론 사랑과 배신 등의 만남이 켜켜이 쌓인다. 이런 과정에서 나만의 스펙트럼을 이루어도 또 다른 만남은 이어진다. 사후의 세상에 대한 의식이 어떠하든 생의 마지막이요, 사의 시작인 죽음이라는 낯선 만남을 만나고 생을 마감한다.

예기치 못하게 만나서 익숙해진 듯하면 또 다른 낯선 만남이 기다리고 있고, 같은 유형의 만남인 듯하여도 그 질과 깊이가 전혀 다르기에 만남의 새로움과 낯섦은 여전하다. 묵은 익숙함으로 다가갈 수 있는 인생의 순간은 거의 없는 셈이다. 그러기에 인생은 낯선 만남의 연속이라 할 수 있다.

낯선 만남을 자신의 의지를 중심으로 나누어 보자면, 사람이 살아가면서 우연인 듯 필연인 듯 세월의 흐름 속에서의 만남이 일상적인 낯선 만남이라고 한다면 의도적으로 낯선 만남을 선택하기도 한다. 앞에서 언급된 삶의 여정에서 통상적으로 만나는 만남 외에 의도적인 선택의 결과로 만나는 것들을 분리해 본다면 여행, 결혼, 직업, 전쟁, 모험, 봉사, 선교 등이 있다.

의도적 선택은 자신의 삶을 좀 더 윤택하게 하기 위한 결정에 따라 이루어지는 것이 대부분이다. 앞에 열거된 여행, 직업, 결혼이 자신의 삶을 윤택하게 하는 목적을 달성하기 위한 선택이라면, 봉사와 선교는 자신을 위한 것이 아니라 다른 사람의 생을 위해 자신의 가진 것을 나누는 선택인데, 특별한 경우에는 생명까지 나누는 결심이 요구된다.

일반적인 봉사가 자신이 가진 것을 자발적으로 일정 기간이나 일정량을 나누는 것이라고 한다면 해외 선교는 의도적으로 색다른 만남을 선택하여 상호성과 변화를 끌어내야 하는 특별한 봉사의 형태를 띤다. 생애 전체를 희생하며 전혀 관계도 일면식도 없던 사람의 성장과 변화를 위해 온갖 위험을 감내하는 특별함을 요구한다. 특별한 봉사, 즉 선교는 자신이 가진 기득권의 포기는 물론 죽을지도 모르는 위험을 감내해야 하는 특수성도 더해져야 한다는 의미이다.

최초의 결심도 쉽지 않지만 낙후되고 열악한 환경에서 언어와 문화가 달라서 어떤 상황이 발생할지 예상조차 할 수 없는 일상의 삶을 각오해야 한다. 일상적인 만남이 상호 호혜의 원칙에서 대등하거나 이해가 되는 양방향의 만남이라면 선교적 만남은 일방적 선택과 나눔으로만 형성된 한 방향만 존재한다. 선의로 나누어도 반목과 몰이해로 배척당하기도 하고 무응답의 답답함을 넘어 위해나 위협으로 되돌아오기도 한다. 낯선 정도의 차원이 단순히 대상의 낯섦만이 아니라 그 환경은 물론 과정이나 결과를 예측조차 할 수 없는 오리무중 그 자체이다.

낙후한 나라의 선교는 자신이 사명으로 낯선 만남을 선택하여 모든 조건을 감내하게 된다. 그런 과정에서 처음에 의도한 목표나 마음보다 더 큰 방향과 애착이 피어나서 자신이나 가족의 생명을 잃어가면서도 선택한 민족과 나라를 자신보다 더 사랑하게 되기도 한다. 이런 선교사들의 의도적 낯선 만남의 얼과 결실이 우리나라의 구석구석에 어려있다.

교육과 의료 등의 한계를 안고 시작한 기독교 선교는 1885년부터 1995년까지 110년 동안 총 3,179명[2] 정도의 개신교 선교사가 우리나라에 파송되었다. 모국으로 귀국해 가족의 품에 안긴 분들이 대부분이지만, 한국에서 돌아가셨으나 시신을 찾지 못하거나 우리나라도 아닌 제3국에서 생을 마감하신 분들도 있다. 자신이나 가족이 우리나라에 안장된 경우는 '양화진외국인선교사묘원' 외에도 지방의 여러 곳에 묘역이 형성되어 있다.

---

2) '내한선교사사전'에 의하면 비교적 그 선교사역이 분명히 남아있는 2,749명과 선교로 내한한 정황은 있으나 그 내용이 남아있지 않은 430명을 포함한 내한 선교사의 총인원이 3,179명이다.

어둠과 절망의 구름이 짙게 깔려 있던 일제 치하와 격동의 개화기에 이은 전쟁의 시기에 이분들이 우리나라를 선택하였다. 이렇게 선택한 낯선 만남의 오묘함과 엄청난 변화는 먼 미래에 펼쳐질 희망 사항만이 아니었고 한시적으로 펼쳐졌다 사라진 무지개 현상이 아니었다. 세계적 주목을 받는 우리와 대한민국의 오늘이 있게 한 프랙토피아(Practopia)로서 실체적 모범이 되고 있다.

전 세계가 기적처럼 여기는 우리나라의 급속한 전도, 경제적 성장, 민주적 정치 안정, 스마트한 한국 사회상을 만들어 낸 원인은 여러 가지가 있겠지만, 그중에 가장 영향력이 큰 요소가 우리나라에 기독교가 전파되는 과정에서 이루어진 새로운 시도와 변화가 가장 큰 원인 중의 하나임을 부인할 수 없다.

단순히 기독교인의 숫자, 교회의 숫자, 경제적 수치, 민주화의 정도로 우리 사회의 변화를 측정하기 어렵지만 변곡점이나 출발점을 찾는 것은 가능할 것이다. 근대화 초기의 우리나라 경제와 사회환경을 감안하면, 근대화와 궤를 같이하는 선교 초기에 선교에 의해 시작된 변화의 내용이나 영향력이 너무 선명하기에 교두보로 인식함이 충분하다. 그래서 좀 더 상세하고 객관적으로 연구되고 그 결과들이 미래 우리 교회나 선교가 나아갈 방향을 정하는 밑거름이 되어야 한다. 이런 연구와 계승을 위한 노력이 현저히 부족하다는 점이 아쉽다.

초기의 선교사들이 기도하며 꿈꾸었던 조선, 우리나라의 미래는 어떤 것이었을까? 선교가 시작되기 전에 우리에게 전혀 없던 것을 선교사들이 뿌리고 가꾼 것이었다. 모든 사람이 하나님 앞에 평등한 보편적 사회, 생각해 보지도 못했던 자신의 꿈과 미래를 여는 희망, 지배나 멸시가 아닌 다름을 인정하는 세계 시민적 정신 등의 정서적 변화의 씨를 뿌렸다.

그리고 청결 의식조차 없던 미개함을 극복한 건강하고 안전한 생활환경, 여성이나 소외된 사람이 가정과 사회의 중심이 되어 일상을 일구는 인간다운 삶, 가진 것을 남을 위해 나누는 참된 부요 등의 실질적인 삶의 변화를 위해 모범을 보이고 함께했다.

다시 말해 이들이 나누고 이루고자 한 것은 하늘나라의 시민을 만드는 가장 궁극적인 목표와 이를 위해서 삶의 현장에서 필요한 정서적인 것과 실질적 삶에서 이루어져야 하는 여러 가지 변화의 결실이었다. 다소 부족한 면도 있지만, 우리나라가 이들로부터 배워서 단시간에 실현해 낸 것들이다. 먼 미래의 꿈만이 아니라 소망하던 것이 현실 생활에 이룩되는 모습도 그들이 꿈꾸던 조선이었을 것이라 생각해 볼 수 있다.

이런 꿈과 사랑을 나누었던 이들의 삶과 신앙 정신, 그리고 희생을 새롭게 조망해 보고 그로 인해 이루어진 것들을 더욱 튼실히 하고 나아가서 다음 세대가 새 삶을 창조하는 밑거름으로 전하여야 하는 의무가 우리에게 주어져 있다. 또한, 아직도 이가 빠진 동그라미 같은 부분에는 제대로 된 이룸을 향해 곳곳을 상세히 살피고 가꾸는 노력도 더해져야 한다. 아마도, 오늘의 살핌과 나눔이 아직 덜 이루어진 Practopia를 향하는 걸음이요 그분들이 우리와 함께 나누고자 소망했던 Utopia를 향하는 길일 것이다.

2025년 초봄 설기환

CONTENTS

1. 낯선 만남 그 자체

1. 전혀 생각하지 못한 만남

필자와 양화진의 낯선 만남

프롤로그에서 언급된 '양화진외국인선교사묘원'은 지리적으로 서울특별시 마포구 합정동에 자리하고 있다. 이름대로 하면 '버들꽃이 많은 나루터'인 양화진에 조성된 외국인선교사묘원이다. 그러나 지금은 행정구역상 합정동의 일부가 되어 양화진은 그 흔적을 찾기조차 어렵다. 오히려 천주교의 박해 때에 교인들의 머리를 잘랐던 곳인 '천주교절두산성지[3]'로 알려져 있다. 인접해 있는 '양화진외국인선교사묘원'은 생소하다 못해 이런 묘원이 있다는 사실조차 모르는 사람들이 많다.

양화나루였던 양화진은 강가에 우뚝 솟은 누에머리 모양의 잠두봉을 천주교가 매입하여 성지로 조성하면서 '절두산'이라 명명하여 그 이름이 바뀐 셈이다. 지금은 양화진이 있었다는 표지석 하나만 남기고 양화진이라는 이름은 잊혀 버렸다. 양화대교나 몇몇 공공기관의 이름에 '양화'라는 단어가 남아있긴 해

---

3) 한강의 명승지로 누에 머리모양 같아서 잠두봉이라 불렸으나 1866년의 병인박해 때에 이곳에서 많은 천주교 신자가 목이 잘리는 참수형을 당하였다. 천주교에서 이곳을 사서 병인박해 100년을 기려 이곳에 성당과 박물관을 지어 성지화하면서 1966년에 절두산성지로 명명하였다.

도 버들꽃 군락이나 나루터의 모습은 완전히 사라져 버려서 이곳이 우리의 역사에 중요한 역할을 했던 '양화진'으로 주목받지 못하는 실정이다.

그런데, 절두산 성지와 맞닿아 있는 1만 3,224㎡(약 4,007평)의 땅에 외국인 묘지가 조성되어서 총 417기의 묘가 있는 묘원이 자리하고 있다. 이 중에 19세기 말부터 20세기 초까지 혼란을 겪던 우리나라에 상당한 영향을 끼친 선교사들이나 가족의 묘 145기가 있어서 2006년 5월에 이곳을 '양화진외국인선교사묘원'이라는 공식 명칭을 확정하였다. 100주년기념교회가 묘원 안내를 위해 이곳을 소개하는 동영상에는 조선의 수도가 한양으로 옮겨진 후에 한반도의 인후와 같은 역할을 한 양화진의 역사를 비교적 소상하게 소개한다.

절두산(용두봉)이 한강에서 깎아 지른 절벽으로 솟아 있어서 이곳에 깊은 나루터가 형성되었다. 그래서 큰 배의 정박이 쉽고 한양과의 거리가 가까워서 교통의 요충지 역할을 했다. 버드나무 군락이 조성되어 버들꽃이 만발하면 마치 눈길이 열리는 듯한 풍경이 연출되고 건너편의 경치도 절경이어서 19세기 중반까지 외국사절이나 양반들이 뱃놀이를 즐기던 곳이기도 했다. 초기 개항 시에는 대표적 관문 역할을 하였다.

19세기 말에 양화진 나루터와 용두봉 내륙 방향의 동산에 외국인 묘지가 형성되었다. 이 시기에 용두봉이나 양화진은 그리 주목받지 못하는 곳으로 변해가고 있었음을 짐작해 보게 한다. 그 이전의 풍광이나 기능을 유지하고 있었다면 이곳에 외국인 묘지를 마련하도록 정부가 허락하지 않았을 것이다.

지금은 주변에 많은 건물이 세워지고 주거지역으로 변모하였다. 이곳이 단순히 외국인 묘지로만 유지되고 관리되었다면 시내 한가운데 위치한 공원묘원으로 시 외곽으로 이전되었을 것이고[4] 그렇지 않았더라도 회피나 방치의 상황을 면하지 못하였을 가능성이 크다(실제로 1890년에 조성된 이후에 2005년까지 제대로 관리된 적이 없음).

다행히 '100주년기념재단'에 의해 '100주년기념교회'가 관리 주체가 되어 '양화진외국인선교사묘원'으로 이름을 바꾸어 관리하면서 선교사역에 대해 역사적 문화적으로 재조망하게 되었다. 미흡한 면도 있으나 이제는 양화진이라는 역사적 장소로써의 위상과 우리나라 선교의 참 의미를 새기는 터가 되었지만, 아직도 남겨진 과제가 많다.

---

4) 서울시는 1979년 지하철 2호선 공사로 묘지를 이전할 계획을 가지고 있었고, 당시에 양화진외인묘지는 쓰레기장에 가까운 폐허지였고 공포의 공간으로 여겨지는 곳으로 이런 결정이 내려진 것인데, 고 전택부 선생님을 중심으로 한 의식 있는 분들의 노력으로 이전을 막을 수 있었다.

이 글을 쓰는 필자도 2007년까지 양화진의 존재 여부는 전혀 몰랐고 그저 선교사역이 우리나라의 교회뿐 아니라 우리 사회에 미친 영향이 지대했다는 정도의 피상적 상식만 있었다. 지방 근무를 하다 서울로 와서 기존에 다니던 교회가 멀어서 가까운 출석교회를 찾아보다가 우연히 양화진을 만나게 되었다.

1981년에 고 한경직 목사님을 중심으로 한 초교파적 '100주년기념사업협의회'[5]가 결성되었다. 우리나라의 개신교 선교의 시작을 자국 선교부의 공식 파견을 받은 선교사가 내한한 해인 1885년으로 정하고 선교 100주년이 되는 해인 1985년을 대비해서 협의체를 만든 것이다. 협의체를 중심으로 100주년 기념 세계 선교대회, 기념우표 발행, 기념탑 건립, 선교기념관 건립, 선교사 묘지공원 조성 미화 등 다양한 행사와 사업을 통해 선교 100주년을 기념하였다.

그러나 묘원 관리는 어려움이 많았다. 훼손되었던 묘원을 협의회가 정비하였으나 그 이후에 제대로 관리되지 못한 채 20년의 세월이 흘렀다. 묘역은 훼손되고 우범지역으로 여겨질 정도로 방치되었다. 협의회는 우리나라의 선두급 교회에 관리를 맡

---

5) 100주년기념사업협의회는 2012년 4월 17일에 한국기독교100주년기념재단으로 명칭이 변경되었다.

아주기를 요청하였으나 받아들이는 교회가 없었다. 결국, 선교 100주년을 기념하는 교회를 설립하여 관리 주체로 하는 결정이 내려져서 2005년에 '한국기독교선교100주년기념교회'가 창립되어 묘원을 관리하게 되었다.

이런저런 과정을 거쳐서 가족 4명이 '100주년기념교회'에 등록하고 선교사 묘원의 안내를 받는 프로그램에 참여하면서 인생 전체의 방향도 신앙의 태도도 완전히 바뀌는 계기가 되었다. 봉사는 직분을 맡아서 의무적으로 하거나 좀 깊이 있게 들어가서는 내가 어떤 것을 희생하는 듯한 착각에 빠졌던 지난날의 교회 생활이 너무도 부끄럽게 여겨졌다.

선교사님들의 의도적인 낯선 만남의 선택이나 기득권과 안일을 포기하고 위험과 희생의 삶을 출범하는 것 자체가 나의 수준에서는 상상조차 쉽지 않은 엄청난 결단이기에 다시 한번 고개를 숙이고 삶과 신앙의 발자욱을 되돌아보게 되었다.

18세기 말의 조선은 천주교를 박해해서 너무나 많은 희생이 있었던 두려움의 선교지역으로 알려져 있었다. 선교 희망자들이 선교지로 선택하는 것도 쉬운 결정이 아니었을 것이다. 선교지에 와서는 500년의 유교적 뿌리로 만연한 신분의 문제 또는 허례허식과 우상숭배가 짙은 문화와 유행병에 노출된 생활환경도 만만치 않았음을 짐작해 보게 한다.

특별히 낙후한 환경은 가족과 자신에게 병을 안겨주고 심하게는 목숨조차 앗아가는 두려움 속의 일상은 어떠했을까? 일본이 침략하여 복잡해진 정치 상황에서 어떻게 선교 활동과 삶을 이어갔을까? 무지하고 희망이 없던 이 민족에게 미래와 희망을 그리고 삶을 나눈다는 것이 그리 간단했을까? 많은 질문을 마음에 품고 양화진을 만난 것이다.

'100주년기념교회'가 '양화진외국인선교사묘원'의 안내 봉사를 2006년에 시작하여 2023년 말에 100만 명의 방문객이 방문하게 되었다. 이를 계기로 2024년 초, 제12회 양화진 역사강좌를 〈양화진의 역사와 미래를 논한다〉는 주제로 개최하면서 10여 년 동안 양화진 안내 봉사와 4년 동안 봉사자 교육을 담당했던 필자에게 "왜 100만 명이 양화진외국인선교사묘원에 왔을까?"라는 강의 주제가 주어졌다.

"묘원이 왜 생겼나?", "왜 100주년기념교회가 세워졌을까?", "홀과 기록관의 소명은 무엇인가?", "왜 100만 명이 왔을까?"라는 4개의 질문을 던지는 기획에서 비롯된 제목이었다. 설문 조사를 통해서 방문객의 의견을 정확히 청취한 결과가 있는 것도 아니었다. 고심 끝에 이런 상상 이상의 결실을 영글게 한 분들의 삶이 있기에 100만 명이 찾아왔으리라는 생각으로 부제 〈낯선 만남의 Practopia〉로 강의한 것이 이 글을 쓰는 낯선 만남으로 이어졌다.

양화진이 품은 낯선 만남

이곳에 외국인 묘지가 형성되게 된 것은 제중원의 2대 원장이며 왕의 주치의였던 헤론이 입국한 지 5년 만인 34세의 나이로 1890년 7월에 하나님의 품에 안긴 것이 계기가 되었다. 인천에 외국인 묘지가 형성되어 있었으나 서울 근교에 매장지를 요구하여 여러 과정을 거쳐서 양화진 언덕에 자리한 이곳이 새로운 외국인 묘지로 지정되고 헤론이 안장되었다.

양화진이 어찌 형성되었고 양화진의 기능이 어떠했는지 등의 내용도 중요하겠지만 필자는 조금 다른 방향을 주목하기로 했다. 유원지와 개항 나루터였던 양화진이 선교의 성지로 자리매김하게 된 과정과 의미, 즉 양화진 자체가 전혀 의도하지 않았는데 오늘의 위상을 가지게 되면서 품게 된 낯선 만남을 주제로 강의하리라 마음먹었다.

조선왕조실록은 전 세계에서 인정하는 전무후무한 기록유산이다. 그 실록에 양화진은 총 36회 언급되고 있다. 행정적 단위인 양화진(楊花鎭)이 5회, 나루터인 양화진(楊花津)이 31회 기록되어 있다. 나루터로써의 양화진은 조선의 문물을 개방하는 외국과의 수교 시에 당시의 중요 교류 항으로 언급된 것이 12회,

일반적 장소로 13회, 영험한 장소 의미의 기우제를 지내는 장소나 신비한 현상이 나타나는 장소로 언급된 것이 6회이다.

　나루터나 행정 구역으로 명기된 것은 일반적이지만 영험한 장소로 기록된 내용은 특이하다. 실록에 최초 나오는 세종실록 7년에 가뭄이 심해 흥복사, 삼각산, 목멱산에서 기우제를 지내고 한강 양화진에서도 비를 빌었던 기록이 있고, 그 이후에도 2회에 걸쳐 범의 머리를 한강 양화진에 넣었다는 내용이 있다. 철종실록에서는 총 3회 언급되어 있는데, 양화진에서 용흥의 조짐으로 일어난 내용이 기록되어 있다. 이처럼 역사적으로 영험한 미신적 장소로 알려진 양화진이 지금은 선교와 순교의 상징으로 자리매김한 것이 낯섦이고 새로운 현상이다.

절두산성지 기슭에 세워져 있는
양화진 나루터 표지석

겸재 정선 선생의
양화나루 그림

'양화진외국인선교사묘원'은 강변 쪽으로는 천주교순교성지인 절두산 성지를 접하고 내륙 방향으로는 젊은이 문화의 상징이 된 홍대 지역과 인접해 있다. 이 지리적 의미가 품고 있는 상징을 살펴보면, 정통을 상징하는 천주교와 새로운 문화를 선도해 가려는 인디 문화인 홍대 문화의 그 가운데에 '양화진외국인선교사묘원'이 자리하게 된 의미를 새겨볼 필요가 있을 듯하다.

우리 사회가 너무도 극한의 대립 사회가 되어있다. 세대, 계층, 지역, 성, 인종, 이념의 갈등이 격심하여 크고 작은 어떤 사안이건 대립과 갈등으로 이어지는 아픔이 깊다. 어떤 과정을 지나왔든 지금 이곳에 외국인선교사묘원이 위치한 의미가 있을 듯하다. 전통이 짙은 천주교와 새로움을 향하는 홍대 문화의 그 가운데에서 융합과 화해의 문화를 만들어 내어야 하는 숙제를 인식하는 현장이라는 생각이 든다.

이런 지역적 환경의 의미에 대해 한 가지 더 더해 보자면 젊음의 문화에 대한 접근이다. 절두산에서 목이 잘리거나 부관참시를 당한 사람의 대부분이 젊은이들이었고, 홍대의 문화는 젊음의 대명사가 될 만큼 젊은이의 모임 그 자체이다. 그렇다면 '양화진외국인선교사묘원'에 잠든 선교사들은 어떠한가? 많은 선교사가 30대나 심지어 20대의 젊음을 묻었음을 알 수 있다.

선교와 순교, 그리고 새로운 문화전파의 젊음이 메아리치는 양화진의 환경을 이루고 있음이다. 자신의 신념을 굽히지 않은 꼿꼿함, 새로운 문화 지평을 열겠다는 풋풋함, 그 가운데에서 절망과 혼란을 소망으로 바꾼 당당함이 어우러져 있다. 양화진은 혼돈과 절망의 쓰림에 젖은 오늘의 젊은이들에게 들려줄 말이 있는 듯하다.

의도적 낯선 만남의 대상이 된 조선

우리나라 기독교 선교의 출발에 대한 논란이 분분하다. 한국인이 최초의 세례를 받은 날, 조선 땅에 들어와서 성경을 전한 날, 상주 선교사의 내한 등 다양한 의견이 있다. Prologue에서 언급하였듯이 천주교가 여러 차례에 걸친 탄압과 박해를 받은 후에 교육과 의료 등의 전파만을 조건으로 하여 기독교의 선교가 허락되었다.

상주 선교는 1884년 중국에 파견된 미국 선교사 알렌이 미국 공사관의 의사로 내한하여 의료 활동을 개시하고 제중원을 건립하는 등 활동하였으나 정식으로 조선의 선교사로 파송된 것은 아니었다. 1885년 4월 5일 그해의 부활주일에 제물포에 도착한 장로교 선교사 언더우드와 감리교 선교사 아펜젤러가 조선 선교를 위해 미국에서 파송한 최초의 공식 선교사이다. 그래서 한국기독교에서는 이날을 한국기독교 선교의 공식적인 시작

으로 인정한 바 있다.[6]

선교사들의 의도적 선택으로 시작된 시기와 현상을 기독교 선교의 개시라고 공인하더라도 그 이전에 국내외에서 자국인이나 외국인에 의한 다양한 의도적 시도들이 선교의 시작이나 내용에 아무런 영향을 미치지 않은 것은 아니다. 그러기에 이런 사건들에 대해서 대략이라도 살펴보지 않고 지나칠 수는 없다.

조선 땅에 도착해서 성경을 전달한 사례로는 1832년 충남 보령 앞바다의 작은 섬 고대도(원산도라는 주장도 있음)에 도착한 독일계 루터교인 귀츨라프가 한문 성경 나눔과 주기도문 문답을 한 후 감자재배법, 음료수 제조법 등을 전하며 통상을 요구했고, 1866년에는 영국 선교사 토마스(Robert J. Thomas/ 런던선교회)가 미국 상선 제너럴셔먼호에 승선하여 평양에 도착해서 성경을 전달하고 죽임을 당한 선교적인 접촉도 있었다.

1875년부터 스코틀랜드 성공회가 중국에 파송한 로스와 매킨타이어를 도와 한글 성경 번역 작업을 진행하면서 예배를 드리는 신앙적 공동체가 있었고 백홍준 등이 최초로 세례를 받은 날이 1879년 1월 3일로 알려져 있다.

---

6) 그렇지만 '한국기독교선교100주년기념사업협의회'는 100주년 기념행사를 1994년에 개최했다. 이는 알렌이 내한하여 실질적인 의료선교를 시작한 시점을 감안한 것으로 여겨진다.

1882년 한미수호조약 체결 후에 외교사절로 미국에 파견된 민영익이 기차에서 만난 가우처 목사에게 중국에서 번역된 한글 성경 이야기를 나눔으로써 일본 주재 선교사 맥레이(Robert Samuel Maxlay)의 조선 답사와 선교사역 착수가 이루어지는 움직임, 1882년 수신사의 수행원인 이수정이 일본 농학자이자 기독교인이 된 쯔다셴(律田仙)을 만나 농학에 대한 지식만이 아니라 한문 성경을 선물로 받고 공부도 하게 되었고 '미국성서공회'의 권유로 성경을 번역하게 되는 준비도 있었다.

개신교 선교가 미국에서 선교사 파송을 결정하여 조선에 내한하여 시작된 것이지만, 그 이전에 외국인들이 여러 가지 방편으로 내한하여 성경도 전하고 개방을 요구한 움직임도 있었다. 외국인들이 바깥에서 우리나라를 향한 노력과는 반대로 내국인이 외국에 나가서 이런 흐름을 만드는 데 노력한 의도적 낯선 만남도 선교사들의 의도적 낯선 만남이 시작되는 것과 전혀 무관하지는 않을 것이다.

전혀 생각지 않은 조선과의 만남

인간 삶의 여정에서 의도적으로 낯선 만남을 선택하는 몇 가지에 대해 언급하였다. 전쟁은 국가나 민족 혹은 일정 지역의 공동체가 다른 공동체와의 싸움에서 땅과 그에 부속된 부를 차지하는 결정이다. 근현대에는 탐험의 목적이 다양하게 바뀌었지만, 중세의 전쟁과 유사한 욕망의 탐험은 부를 향한 전쟁과 유사한 도전이었다. 해양 경쟁력을 확보한 15세기 유럽의 국가나 부호들이 새로운 자원이나 교역 대상인 미지를 찾는 Venture, 즉 모험적 항해를 시도한 것이 한 예이다.

이처럼 전쟁과 탐험은 투기나 위험투자와 같이 High Risk, High Return[7]의 전형으로 그 선택의 기준은 새로운 국가나 교역지를 통한 이익으로 명확하다. 엄청난 위험이 가로막고 있어도 이를 극복하여 일상적인 교역이나 교류로는 얻을 수 없는 것, 차원이 다른 쟁취를 기대하며 시도하는 모험이다.

또 하나의 의도적 선택인 여행은 대부분 개인적인 결정과 소소한 행복이 그 목적이다. 삶의 활력을 찾고 새로운 경험과 휴식을 가져 자기의 삶이 더 윤택해지기 위하여 여행을 선택한다. 상당한 시간과 노력으로 여행을 계획하고 자신에게 가장 적합하고 효용성이 높은 여행지와 방법을 선택하게 된다. 탐험과는 다르게 위험 요소가 그리 많지 않고 사전에 과정이나 결과를 어느 정도 예측하고 일정한 기간이 지나면 다시 일상으로 회복하는 것이 일반적이다.

---

7) 사전적 의미로 투자위험이 크면 높은 수익을 기대할 수 있다는 의미이다.

언급된 의도적 낯선 만남과 그 격이 다른 것이 선교라는 의도적 낯선 만남이다. 자신의 신앙적 확신과 전파를 위해서 기존의 삶을 완전히 정리하고 전혀 다른 문화와 극악한 환경을 자기 삶의 터전으로 선택하는 것이다. 목적이나 결과가 자신의 이익이나 행복을 위한 것이 아니라 타인의 이익과 행복이라는 것이다.

선교를 탐험과 비교해 보면, 위험 요소가 매우 많은 것과 생사를 장담할 수 없음이 같은 요소이지만, 전혀 다른 점은 자신의 안일이나 반대급부를 전혀 원하지 않는 것이다. 여행과는 다른 문화를 만나는 선택이라는 점에서 유사한 면이 있지만, 다른 점은 자기의 삶이 윤택하기 위해 선택하는 과정이 아니라 전혀 알지 못하는 사람들을 깨우치고 삶에 변화를 주고자 하는 희생의 여정이다.

이토록 이타적인 선교형 낯선 만남은 많은 계획과 준비가 필요하다. 그렇지만 상당한 준비와 노력을 기울여도 순탄한 흐름으로 이어지지 않는다. 여러 가지 원인으로 그 과정과 결과가 전혀 다른 방향으로 흘러가는 경우가 많다. 조선에 왔던 선교사들이 조선을 선교지로 준비하고 선교 활동을 한 분들이 대부분이지만, 일부의 선교사들은 조선이 아닌 다른 나라를 선교지로 정하고 준비하던 과정에 예상치 못한 조선으로 선교지를 옮기게 된 분들이 있다.

우리나라 선교의 초석을 놓은 장로교의 언더우드(Underwood, Horace Grant, 원두우) 선교사가 선교지를 바꾸어 조선으로 오게 된 대표적인 분이다. 인도의 선교사로 가기 위해서 신학뿐만 아니라 의학을 공부하는 중에 조선이 선교를 받아들이기로 했다는 소식을 접하게 되는데 조선을 선교지로 선택하는 지원자가 선뜻 나서지 않았다. "너는 왜 조선으로 가려 하지 않느냐"는 음성을 듣고 조선으로 선교지를 바꾸어서 최초의 상주 선교사로 내한하여 조선을 선교 성공의 모범으로 만드는 초석을 놓았다.

　　언더우드 선교사와 결혼하게 된 호튼(Underwood, Lillias S. Horton)은 병을 앓아 늦은 나이인 36세에 인도 선교사로 임명되었다. 제중원의 여성 의사가 급히 필요해서 선교지를 바꾸어 조선의 여성 의료선교사로 파송 받게 되었다. 호튼 선교사가 인도 선교사로 임명되었다가 급히 조선의 선교사로 오게 된 계기는 제중원의 초대 부인과 과장이며 황후의 시의를 맡았던 애니 엘러스(Ellers, Annie J.) 선교사가 정신 여학교의 교장으로 옮기게 되어 여의사의 공백이 생긴 탓이었다.

　　애니 엘러스 선교사도 페르시아를 선교지로 정하고 의학 공부를 하던 도중에 여의사가 절실히 필요하다는 제중원 1대 원장 알렌(Horace Newton Allen)의 요청에 따라 의학 공부를 마무리하지 않고 조선의 선교사로 오게 되었다. 아마도 애니 엘러스 선교사가 함께 내한한 교육선교사 벙커(Bunker, Dalzell A.)와 조선에서 결혼하고 난 후, 정신 여학교를 설립하면서 의료선교사를 사임한 것은 의학 공부를 마무리하지 않은 배경이 작용한 것은 아닌가 생각해 보게 한다.

특이한 선교의 현상을 가진 우리나라

우리나라의 기독교 선교는 전 세계 어디에서도 없었던 특이한 현상이 몇 가지 있다. 선교사들이 파송되어 선교지에 도착하기 전에 이미 피 선교지에 교회가 세워져 있었다는 점, 당연히 이미 믿음을 가진 사람들이 있었다는 점, 선교사들이 한글로 번역된 성경을 가지고 선교지에 도착했다는 점, 지금 우리나라 기독교의 주류가 된 장로교와 감리교의 선교사가 함께 첫걸음을 내디뎠다는 점, 이들이 부활주일에 선교지에 도착한 점 등 우리나라의 선교가 가진 특이점이 많다.

선교가 시작되던 19세기 말의 조선은 주변 강국들이 침략의 야욕을 드러내어 서로 외교 전략을 펼치고 심지어는 전쟁도 마다하지 않는 혼돈과 어둠이 드리워진 상황이었다. 아쉽게도 이런 풍전등화의 상황에서 지도층은 내부 권력다툼에 사활을 걸고 자신들의 정치적 목적을 위해 외세를 끌어들이는 촌극들이 펼쳐지는 한심한 현장이었다.

이와는 다르게 깨어있는 지식인들이나 진취적인 일반인 중에는 서양의 앞선 문물과 문화를 배워야 한다는 마음으로 천주교나 기독교에 접근해서 우리 사회의 변화를 꾀하고자 하는 선각자도 있었다. 강대국의 야욕으로 닥친 외교적 현상도 복잡한데 내부적으로도 계층별로 각기 다른 계획과 행동으로 복잡해져서 사회 전체가 심각한 혼란으로 흔들리던 시기였다.

이처럼 국가가 침략과 침탈에 제대로 대응하지 못하고 목숨을 걸고 나라를 지키려는 애국자들이나 선각자들과는 달리 당리당략과 자기 세습이나 세력이 주도하여 이런 상황을 기회로 삼으려는 지도층이 혼란을 가중하는 상황이었다. 이런 어처구니없는 사회 상황과는 다르게 기독교 선교의 시작은 특이한 모습으로 이 땅과 이 땅의 사람들에게 변화와 희망의 불씨를 들고 뚜벅뚜벅 다가서서 불길을 일으켰다.

이 불길이 세계적 기적에 가까운 정점을 달성했으나 급격히 쇠락하는 현상이 나타나고 있다. 교회가 사회에서 일어나는 여러 문제의 백화점이 되어서 주목을 받는 상황으로 바뀌고 있음이 가슴 아프다. 상상조차 하기 어려운 온갖 희귀한 사건이 교회의 내부에서 발생해서 사회가 교회를 우려하는 시선으로 바라볼 정도가 되고 있다. 교회의 세습, 성적 문란, 금전적 문제, 권력다툼, 이념적 대립 등 세기적 주목거리가 끊이지 않고 발생한다.

이제 처음 선교가 시작되던 순수한 시작으로 되돌아가야 한다는 외침이 낯설지 않다. 선교의 기적이 몰락의 기적으로 바뀌는 급락의 길을 걷지 않아야 한다. 선교의 시작에 특이한 현상을 가졌던 민족으로서 문제를 극복하기 위해 새로움으로 다가가는 특이한 현상도 만들었으면 한다. 그래서 이 '양화진외국인선교사묘원'을 중심으로 선교사들이 꿈꾸면서 이 땅에 이루어 놓은 아니 하나님께서 만들어 주신 실현의 현장 Practopia를 다시 만나야 한다. 마치 선교사들이 조선을 낯설게 만났듯이….

2. 희대의 연예와 결혼

조선에서의 만남과 그 결실

선교를 결심하고 모국에서 결혼한 직후에 떠나온 선교사 커플들이 많다. 한편으로 일가친척이 아무도 없는 조선에서 결혼하게 된 커플들도 적지 않다. 조선에서의 혼인은 전혀 결혼을 예정해 두지 않은 상황에서 조선의 선교 현장에서 서로 마음을 정하게 되어 결혼하게 된 경우가 대부분이다. 조선에서 최초의 서양식 결혼식을 올린 벙커 부부의 사연도 일반적이지 않다.

벙커 선교사 부부는 1886년 미국 북 장로교 선교사로 함께 조선에 도착했다. 벙커는 교육선교사로 앨러스는 앞에서 언급된 듯이 내한 즉시 제중원의 부인과 의사로 활동을 시작했다. 한국에서 서로의 마음을 나누어 결혼하게 되자 앨러스는 교육 선교사로 사역을 바꾸고 후에는 벙커와 함께 감리교 선교사로 일하게 되는 여정을 겪게 된다.

벙커 선교사가 모국에서 별세하여 본인의 유언에 따라 조선으로 와서 양화진에 묻히게 되자 앨러스는 남편을 한국에 묻은 후에도 모국으로 돌아가지 않고 조선에서 선교 활동을 이어가다가 별세하여 남편 곁에 함께 잠들었다. 이들은 선교지로 조선을 선택한 것이 아니라 일생을 마치고 그 이후에도 조선에 묻히기를 결정한 것이다. 부부간의 함께하는 삶의 여정과 조선에 대한 사랑은 오늘을 사는 우리에게 부부의 연과 나라 사랑이란 이런 것이라 웅변하고 있다.

희대의 연애와 조선에서의 결혼

결혼이나 연예의 첫 만남이 극적이거나 그 진행 과정에 얽힌 이야기가 영화 같은 우여곡절을 겪은 경우가 많다. 이미 조선에 선교사로 파견되는 것이 결정된 여의사 로제타(Rossetta Sherwood Hall)는 뉴욕 빈민가에서 봉사활동을 하다가 선교에 관심이 많았던 남자 의사 홀(William, J. Hall)을 만나 사랑에 빠지게 된다. 로제타가 먼저 내한하고 로제타를 따라 조선 선교사를 결심한 윌리엄 홀은 교육 등 준비를 거쳐 1년 후에 내한하여 혼인하게 된다.

선교 초기에 선교사의 혼인 문제가 민감한 부분으로 작용하기도 하였다. 부부 선교사로 내한한 경우는 그렇지 않았지만, 선교 현지에서 선교사 간의 혼인이 선교본부에서 선교를 진행하는데 차질을 발생시키기도 하였다. 홀 부부도 조선에서 혼인하였지만, 이들이 신혼생활을 함께 하지 못하고 홀은 평양선교 개척자로 로제타는 서울에서 의료선교사로 생활하는 어려움을 겪기도 하였다.

로제타는 몇 년 정도의 선교 후에 모국으로 돌아올 결심이었으나 결혼 후 3년 만에 남편 홀이 과로사하자 아들이 아버지를 이어 선교사가 되게 하는 등 평생을 조선 선교에 몸을 바치게 된다. 아들 샤우드 홀 (Sherwood Hall)은 조선에서 결핵 퇴치에 앞장서고 크리스마스실을 만들어 계몽과 기금 마련에 앞장섰는데, 이 일로 조선에서

1932년에 발행된
우리나라 최초
크리스마스씰

추방된 후 인도에서도 결핵 퇴치를 이어나가 선교의 훌륭한 가문을 이루었다.

전혀 예기치 않은 만남과 조선에서의 결혼

요즈음은 독신주의로 자신의 인생을 살아가는 사람이 많아졌다. 간혹 좋은 인연을 만나게 되면, 자신의 신념을 저버리고 결혼생활을 하는 경우도 생기곤 한다. 우리나라 선교의 장을 연 대한민국 장로교회의 아버지 언더우드(Horace Grant Underwood) 선교사는 한국선교의 결정 때문에 약혼자를 떠나보내야 하는 아픔을 겪었다. 그런 그가 결혼하지 않을 것을 결심하고 선교에만 열정을 쏟던 호톤(Horace Horton Underwood) 선교사를 만나 결혼하게 된 과정은 여느 드라마 못지않은 사랑 이야기이다.

호톤은 어려서 몸이 좋지 않아서 학업을 늦게 하게 되었고 학교 졸업과 동시에 의사로서 인도 선교사로 파송이 확정되었다. 제중원이 개원했을 때도 여성들이 남자 의사에게 진료받는 것을 꺼려서 급히 여성 의사를 요구했던 것과 같은 이유로 초대 여성 과장이 공석이 되자 다급하게 여성 의사를 요청하여 호톤 선교사가 선교지를 바꾸어 내한하게 되었다.

그런데 당시 중국인과 일본인들의 인신매매 사건이 갑자기

늘어나게 되고, 이것이 서양 선교사들의 소행으로 와전되면서 유아 소동(Baby Riot)이라 불리는 사태가 발생한다. 이 소동으로 선교사들은 근무나 이동에 상당한 제약이 있고 피습의 위험까지 따랐다. 당시 제중원 의학교의 교수로 재직하던 언더우드 선교사는 독신 여의사인 호톤을 에스코트하게 되었다.

그 과정에서 8살 연상이자 결혼에 뜻을 두지 않고 있던 호톤이 마음을 열게 되고 결혼으로 이어진 것이다. 이들은 신혼여행지를 북한지역으로 삼아 도보여행을 가게 되었는데, 평양 일대와 서북지역의 선교가 열리는 계기를 만들기도 했다. 결혼에 대해 전혀 다른 생각과 환경을 가졌던 두 사람의 결합은 뜻밖의 위기에서 시작하여 여러 가지 의미 있는 선교적 결실을 만들어내는 신비함을 품고 있다.

사별로 이어진 특별한 인연

양화진의 외국인 묘지는 1890년 제중원의 2대 원장이던 헤론이 소천하여 매장됨으로써 시작되었다. 헤론(John W. Heron) 선교사는 모교인 테네시 의대에서 졸업과 동시에 모교의 교수로 남아달라고 할 정도의 우수하고 앞길이 촉망되는 의사였다. 그는 학교의 요청을 물리치고 하나님과 약속한 대로 조선 선교사의 길을 선택하였다.

이런 헤론이 과로로 병을 얻어서 부인과 2자녀를 남겨두고 선교 5년 만인 34세의 나이로 생을 마감한다. 마지막 호흡을 가다듬으면서 부인인 해티(Hattie G. Heron) 선교사에게 조선에 할 일이 많은 것을 잘 아니 자신이 떠나더라도 조선에 남아 계속 선교해 주기를 당부하며 떠난다.

이 사실을 아는 게일(Gale, James Scarth) 선교사가 일정 시간이 지난 후에 헤론의 유지를 받아 한국에 남아서 선교 활동을 계속하던 헤티 선교사와 결혼하게 된다. 18년 동안 남편으로 두 자녀의 아버지로 외조하다가 헤티 선교사가 먼저 소천하자, 헤론 선교사 곁으로 보내고 자신은 조선에서 계속 선교를 이어간다.

헤론을 만나 얼마 동안 헤론의 집에 머물렀던 인연으로 이어진 게일 선교사의 생애는 전혀 다른 방향에서 헤론의 유지를 이었다. 조선 문화에 누구보다 해박했던 게일 선교사는 'God'를 하나님으로 사용하게 한 장본인으로 유명하다. 한영사전을 제작하고 〈천로역정〉을 한국어로 번역하여 우리에게 소개하였고, 구운몽 등의 고전소설을 영어로 번역하여 외국에 소개했다. 그는 학자요 번역가이자 내면적 사랑의 깊이를 남긴 선교사였다. 게일 선교사는 영국으로 돌아가 목회 활동을 하다가 그곳에서 사망하여 묻혔다.

3. 조선(양화진)에 묻힘

조선에 가족을 먼저 묻다

19세기 말부터 20세기 초에 기독교의 초기 선교사들이 많이 내한했다. 당시의 조선은 세계에 잘 알려지지 않았다. 미국이 조선에 대한 기독교 선교를 준비하던 시기에는 천주교 탄압으로 많은 천주교 외국 신부와 한국 교인들이 처참하게 순교한 나라로 알려지고 생활환경은 열악하여 기피의 대상이 될 정도였다.

이런 조선으로 오게 된 선교사들은 전혀 예상하지 못한 선교의 결실에 대해 많이 놀라고 새로운 기대를 안게 되었음이 선교 보고서에 많이 나타난다. 비록 낙후한 환경조건과 언어 장벽의 어려움이 있었으나 조선 사람들의 순수한 마음과 학구열에 기인한 선교 결실과 변화에 자신들이 진정한 조선 사람의 이웃이 되려는 마음을 더 단단히 다지는 계기가 된 것이다.

정통의 굴레와 나라의 잃음 등 상상조차 어려운 조선의 아픔과 불투명한 미래에 대해서 조선 사람 이상의 열정과 사랑을 쏟게 된다. 선교 여정에서 부인이나 자녀를 먼저 잃는 아픔을 겪으면서도 그 사랑과 열정을 잃지 않고 조선에서의 선교를 이어가고 심지어는 죽음을 앞두고 조선으로 오거나 머무르면서 조선 땅에 묻히기 위한 결심도 우리를 놀라게 한다.

세상에서 가장 높은 스트레스를 안게 되는 것이 부인이나 남편의 사망이고, 자녀가 먼저 떠나면 너무 가슴이 아프기에 자녀를 가슴에 묻는다고 표현한다. 조선에서 온 가족을 잃은 제중원의 3대 원장이었던 빈턴(Charles Cadwallader Vinton) 선교사는 아픔을 완화하는 방편으로 의료선교에서 말씀 선교로 그 걸음을 옮기면서 조선에 말씀의 씨를 뿌리고 사랑을 나누려 했다.

　　호남선교의 개척자 유진 벨(Bell, Eugene) 선교사는 내한 6년 만에 아내 로티 벨(Bell, Charlotte I. W.) 선교사를 양화진에 묻었고[8], 경북 오지 선교사였던 웹본(Welbon, Arthur G.) 선교사는 6남매 중 3자녀를 잃어 양화진에 안장하였다. 하디(Robert A. Hardie) 선교사는 두 딸을 양화진에 묻고 선교를 계속하여 원산의 회개 운동을 주도하게 되어 딸들 옆에 기념비가 세워졌다.

　　이 선교사들이 부인이나 자녀를 잃은 슬픔이나 고통으로 선교를 중단하거나 선교지를 떠났다면 순간적인 치유는 받았겠지만, 척박한 선교지를 개척하여 결실하는 상급이나 기쁨은 느낄 수 없었거나 상당히 지연되었을 것이다. 또한 평양 대부흥 운동의 단초가 된 원산의 회개와 은혜의 강줄기는 영원히 맛보지 못

---

8) 1903년에 목포양동교회에 로티 벨 기념예배당이 건립되었고 양화진에 있던 원묘비는 순천 기독교진료소로 옮겨가고 2002년 부활절에 새로 세운 묘비가 양화진에 서 있다.

하거나 다른 길로 흘러갔을 것을 짐작해 보게 한다.

위에 명기된 가족을 포함하여 선교사 가족이 55명이 안장되어 있고 아쉬운 아픔을 지닌 묘역도 있다. 문서선교와 출판문화 근대화의 선구자였던 올링거(Ohlinger, Franklin) 선교사는 두 자녀를 조선에서 최초로 사망한 서양 어린이로 양화진에 묻고 중국 선교사로 떠났는데, 정확히 묻은 위치를 알지 못하다가 2010년에 헤론 선교사 무덤 옆에 묻었다는 기록과 증언에 따라 빈 장소를 추정하여 자녀의 묘역과 기념비를 세우게 되었다.

조선 땅에 자신을 묻다

'양화진외국인선교사묘원'은 '천주교절두산성지'와 이어져 있다. 전 세계에서 찾아보기 힘든 구교와 신교의 성지가 인접된 특징을 가지고 있다. 이런 묘역은 구교와 신교의 전쟁이 있어서 인접한 경우를 제외하면 찾아보기 힘들다. 또한, 업적이 출중한 선교사 개인의 Chapel이나 Memorial로 기리는 예는 있지만, 순교자가 아닌 선교의 주역들을 기려서 선교사 묘원으로 명명하고 추모하는 예는 세계적으로 특이한 경우이다.

많은 선교사가 조선 땅에서 주어진 사명을 다하다가 주님의 부름을 받아서 자국으로 돌아가지 않고 양화진을 비롯한 지방의 몇몇 곳에 묻혀 있다. 이들 중에는 어려운 환경에서 일찍 생을 마감한 분도 계시고 조선인의 신앙과 삶의 변화를 위해서 일생을 바친 후에 묻힌 분도 있다. 양화진이 기독교 선교의 성지로 자리매김하게 된 것은 묘역이 형성되었기 때문이 아니라 이들의 삶이 순종과 희생으로 그리고 우리나라의 변화와 성숙에 큰 울림을 주었기 때문이다.

선교사들이 열악한 환경에서 그 소명을 진솔히 감당했을 뿐 아니라 그 대상인 조선과 조선인을 사랑해서 그 생명까지 아끼지 않았고 나아가서 조선인보다 더 조선을 사랑한 선교사들이 많이 이곳에 안장되었기 때문일 것이다. 양화진에 선교사 자신의 묘역이 있는 선교사가 90명이 있다. 가족 묘역과 함께 기념비로 추모하는 선교사가 10명 정도이며 그 외에 가족의 비에 선교사의 이름이 새겨져서 그 삶을 추모하는 경우도 있다.

조선 땅에 묻히기를 원함

조선 땅에서 죽어 조선에 묻힌 분 중에는 모국에서 마지막 생을 정리할 수 있었으나 일부러 조선에서 죽기를 작정하여 조선 땅에 의도적으로 묻힌 분들과 조국에서 돌아가셨으나 조선에 묻히기를 원하여 옮겨온 분들도 상당수 있다. 이분들이 조선에 묻힌 경위의 예를 들어보면 이곳에 외국인선교사묘원이 형성되도록 섭리하심의 이유가 충분히 느껴진다.

헐버트(Homer Bzaleel Hulbert) 선교사는 고종황제의 특사, 독립운동가, 언어학자로 건국공로훈장과 금관문화훈장이 추서된 한국인보다 한국을 더 사랑한 선교사로 유명하다. 그러나 일제의 추방으로 미국에서 한국의 독립 소식을 접하였다. 1949년에 한국 정부의 초청으로 내한할 때 만류하는 후배들에게 "나는 웨스트민스트 성당보다 한국 땅에 묻히기를 원한다"는 말을 남기고 떠나왔는데, 여독으로 한국에서 별세하여 선교할 때 양화진에 묻은 1살짜리 아들과 함께 누워있다.

캠벨(Josephine Eaton Peel Campbell) 선교사는 자신의 지병이 위중해서 모국에서 치료받지 않으면 생명이 위험한 상황이었다. 준비하던 마지막 선교의 임무를 완성하기 위해 내한하여 이 땅에서 생을 마감하는 길을 택했다.

배의 충돌사고로 순직하여 시신을 찾지 못한 아펜젤러 선교사의 아들 도지 아펜젤러(Henry Dodge Appenzeller)는 미국에서 별세했으나 자신을 조선 땅에 묻어서 아버지 아펜젤러(Henry Gerhard Appenzeller) 선교사가 조선을 얼마나 사랑했는지를 알리게 해 달라 유언을 남겨 이곳으로 와서 아버지의 기념비와 함께 잠들어 있다.

성경 번역을 최종 완성하는 주역이었던 레이놀즈(Reynolds William D.) 선교사의 둘째 아들인 죤 볼링 레이놀즈(Reynolds

John B.)는 아버지를 이어 교육선교사로 10년 이상 우리나라에서 봉직하고 미국에서 사망하였는데, 한국 땅에 묻히고 싶다는 유언에 따라 1살 때 묻힌 형의 묘역에 안장되었다. 한 묘비에 아버지와 두 아들의 이름이 함께 새겨져 자녀의 삶과 아버지의 기념이 한 비에 담긴 특이한 형태로 양화진에 자리하고 있다.

언더우드 선교사는 미국에서 소천했으나 양화진에 가족 묘역을 조성하기로 결정하여 한국으로 옮겨왔다. 언더우드를 포함한 4대에 걸친 7명이 안장되어 가장 많은 가족이 있는 묘역이 되었다. 언더우드 선교사의 선교적 업적이나 조선 사랑에 걸맞은 묘역으로, 전 가족이 대를 이어 선교사역을 감당한 대표적 선교 가문의 선명한 위상에 어울리는 묘역으로 자리하고 있다.

양화진 홀에서 찍은
양화진외국인선교사묘원 로고

지방의 선교사 묘원

'100주년기념교회'가 '100주년기념재단'로부터 위탁받아 '서울(경성)외국인묘지'를 '양화진외국인선교사묘원'로 개명하여 기독교 성지로 관리하고 있다. 지속적인 환경관리는 물론 방문객의 경건한 방문과 안내가 잘 이루어지고 있다. 이곳에는 총 417기의 외국인 중심[9]의 무덤이 있다. 앞에서 언급되었듯이 선교사 90명과 선교사 가족 55명을 합쳐서 총 145기가 이 묘원의 주인으로 자리하게 된 셈이다.

이 외에 지방에서 선교하다가 순직한 선교사나 가족이 안장된 곳이 전국에 흩어져 있다. 지방에 안장된 선교사와 가족의 수가 양화진에 안장된 수와 비슷한 143명으로 조사된 바 있다. 일부 묘역은 학교 또는 교회의 동산이나 앞뜰에 마련되어 잘 관리되는 곳도 있고, 어떤 묘역은 지역에 흩어져 있던 묘를 이장하여 합동 묘역을 조성하여 관리하기도 한다. 그러나 공동묘지에 안장되어 있어 도심의 묘지공원이 이전되거나 폐쇄될 위기에 있는 곳도 있다. 비교적 잘 관리되는 묘역도 관리 주체가 분명하지 못하거나 관리 비용에 따르는 어려움 등으로 양화진처

---

9) 묘역관리가 부실하던 기간에 외국인묘지에 한국인 몇몇이 안장되어 이런 애매한 용어로 표현함.

럼 안정적으로 관리되지 못하는 형편이다.

어떤 형태로든 어떤 방법으로든 이 묘역들도 '양화진외국인선
교사묘원'이 한국기독교의 성지로 자리매김하여 관리되는 수준
과 동등하게 관리되어야 할 것이다. 왜냐하면, 우리나라의 기독
교 선교나 근대화의 초석이 된 선교사들의 헌신과 업적은 양화진
에 안장된 분들에 의해서만 이루어진 것이 아니기 때문이다.

물론 훨씬 많은 선교사가 모국으로 귀국하여 이 땅에 안장되
지 않았다. 그분들의 선교사역에 대한 감사와 기림도 필요하다.
현실적으로 그 선교사들 모두에 대한 발걸음보다 양화진이 아
닌 지방에 안장된 선교사님들에 대한 예우는 한시바삐 양화진
의 수준이 되어야 할 것이다. 그러나 이런 필요성조차 인식되지
못해서 가까운 미래에 유실되거나 사라질 가능성이 있음이 가
슴을 아프게 한다.

4. 열악한 환경과의 만남

조선의 말기적 현상

언더우드 선교사와 아펜젤러 선교사가 선교본부의 파송으로
제물포항에 도착한 1885년이 한국기독교 선교의 시작으로 공식

적으로 결정되었음은 여러 번 언급하였다. 그렇다면 이 시기를 전후한 조선의 시대 상황을 좀 더 면밀하게 살펴보아야 한다.

1866년은 병인년으로 근대사에 큰 영향을 미치는 사건들이 발생했다. 천주교의 박해가 극에 달한 병인박해가 여러 사건의 발단이 되었다. 박해에 대한 보복을 구실로 조선의 문물을 개방하려는 서양의 침범과 이를 방어하려는 쇄국 정책이 충돌하여 대내외의 긴장이 최고조에 이른 시기였다.

문호를 개방하지 않으려 안간힘을 쏟던 조선이 병인박해가 있었던 10년 후인 1876년에 근대 국제법 토대 위의 최초 조약인 조일 수호조약(일명 강화도조약)을 맺어 문호를 개방하게 되었다. 통상조약의 형식은 갖추었지만, 실질적으로는 일본에 의해 강압적으로 맺은 불평등 조약이었다.

1881년에는 후일에 '조선 사찰단'이라 불리게 되는 '신사 유람단'이 일본의 문물을 살펴보기 위해 방문하게 되는데 경상도 지역 유생들이 정부의 개화 정책에 반대하였다. 유생들이 올린 상소문에 의한 위정척사 운동인 '영남 만인소' 사건이 발생하여 유람단의 파견을 비공식적으로 추진하는 등 문호 개방이나 외교 정책은 오리무중인 상태였다.

이듬해인 1882년에는 강화도조약 후에 일본의 후원으로 조직한 신식 군대인 별기군과의 차별 대우에 구식 군대의 항쟁이

자 병란인 임오군란이 발발한다. 시아버지 흥선대원군과 고종의 처인 며느리 명성왕후 사이의 왕가 내 정략적 싸움과 척신정권의 부패가 군대의 불만을 불러일으키는 전대미문의 사건이었다.

이런 사회적 혼란은 1884년에 이 시기를 대변하는 '갑신정변'으로 표출되어 나타난다. '3일천하'로 알려진 김옥균, 박영효, 홍영식 등 개화당이 청나라에 의존하려는 척족 중심의 수구당을 몰아내고 개화 정권을 수립하려 한 정변이 일어나 진압되었다.

이듬해인 1885년은 개신교 선교가 시작된 해인데, 영국이 러시아의 남하를 막는다는 명분 아래 전라남도의 거문도를 불법으로 점거한 사건이 발생하였다. 조선 정부의 의지와는 전혀 상관없이 고래들이 몰려와 전쟁을 일으켜 새우등이 터질 지경인 상황이었다.

이처럼 선교사들이 처음 내한한 시기의 조선은 거의 매년 국가적 사건이 발생하는 아비규환의 상태였다. 내부적으로는 정변과 봉기가 연이어 발생하여 들끓는 용광로와 같은 형편이고 외세의 침탈 야욕은 이런 내부 갈등과 뒤엉켜 한 치 앞을 모르는 풍전등화의 상황이었다.

거짓 선동이 낳은 유아 소동

선교사들이 선교를 시작한 지 3년여 지난 1888년 6월에 앞에서 잠깐 언급되었던 유아 소동(Baby Riot)이라는 위기에 봉착하게 된다. 어린아이들이 실종되거나 시체로 발견되는 경우가 발생하자 갑자기 인원이 늘어난 서양인들에게로 사건의 방향을 몰아갔다.

서양인들이 아이들을 삶아서 먹고 약이나 사진기 재료로 삼는다는 허황한 유언비어가 장안에 퍼지면서 격분한 민중들이 외국인 시설과 관련인을 위협하였다. 서양인과 관계가 있는 조선인들에게 실질적인 폭행을 가하는 사건이 발생하고 선교사들이 운영하던 학교와 병원 등에 어려움이 닥쳤다.

각국 공사관이 조선 정부에 항의하자 조선 정부가 고시문을 발표하였는데, 그 내용이 모호하여 소동을 증폭시키는 형국이 되었다. 국왕이 직접 국왕의 교지를 내리고 나서야 이 소동은 가라앉아 달포 정도 계속되던 소요가 잠잠해졌다. 그러나 이 과정 중에는 인천에 주둔하던 미국 군함의 해병대 병력이 서울로 행군해 오고 프랑스와 러시아의 해군 병사도 동원되는 일촉즉발의 위기 상황도 전개되었다.

중국도 비슷한 사례가 있었는데, 1860년 6월 텐진에서 전염병으로 많은 아이가 죽자, 프랑스 수녀회가 운영하던 고아원이 우리나라의 유아 소동과 비슷한 의구심을 받아 폭동이 일어났다. 이 소동으로 선교사를 포함한 20여 명의 외국인과 중국인 40여 명의 사상자가 발생했다. 우리나라 소동은 중국의 경우보다는 피해도 적고 기간도 짧았다. 조선인 10여 명의 사상자만 생기고 외국인 피해자는 한 명도 없이 비교적 빠르고 안정적으로 마무리된 셈이다.

그러나 외국인이나 선교사들의 전언이나 회고에 의하면 참으로 한심하고 어리석은 민중의 수준이 드러나는 소요였다는 것이다. 전염병 등의 이유로 사람이 죽으면 그 대응책이 전혀 없어서 굿을 통해서 귀신을 몰아내거나 달래는 상황이었다. 이를 악용해서 외국인에 대한 괴담으로 공포심을 조장해서 왕권을 차지하거나 자신의 정치적 입지를 위해서 이런 소문을 사주한 대원군이나 중국인 위안스카이의 거짓 선동에 휘둘린 민중들의 순진한(?) 모습이 그대로 드러났다.

침몰 직전의 사회현상

이렇게 순진한 수준의 백성들 위에 군림하던 탐관오리나 자신들의 세력을 위해서 수단 방법을 가리지 않던 귀족이나 지도층들이 어우러져 조선은 후기의 나락을 향하고 있었다. 쇄국과 개방의 내부적 갈등이 심하고 정책적 방향도 갈피를 잡지 못하여 열강의 소용돌이에 어찌할 바를 모르는 소국의 모습 그 자체였다. 물론 한때 만주까지 세력을 떨치던 시대도 있었고 백성을 사랑하는 성군이나 국가와 백성을 위해 개혁과 충성을 다하는 청백리가 전혀 없었던 것은 아니다.

세계에 찾기 힘든 문화적 유산인 조선왕조실록을 남긴 조선의 마지막은 어떤 왕조나 국가의 기운이 나락으로 떨어져 멸망하는 모습처럼 처절한 말기적 증상이 역력히 드러났다. 실질적으로 전쟁을 치르지도 않고 일본의 식민지로 전락하는 이해하기도 힘든 정치와 사회환경이 우리나라 선교가 시작되는 시기의 적나라한 모습이었다.

정부는 외국의 도움을 받는다는 단순한 목적으로 의료와 교육 등 실질적인 전도와는 다른 분야의 활동만 허락하였다. 이런 조건으로 선교를 시작한 선교사들은 단순히 교육과 선교를 통해 만나는 사람들에게 선교하는 수구적인데 그치지 않았다. 그들은 하나님과 천국을 향한 믿음 외에 등불이 꺼져가던 민족과 국가에 사회의 문제를 해결하고 새로운 희망이 되는 씨앗을 뿌리기 시작했다. 가난과 불행의 원인이 되는 술과 담배 그리고 도박을 퇴치하고 일반인은 물론 비참하고 낮은 신분의 사람들에게 교육을 통해 희망과 미래를 심은 것이다.

선교 조건의 어려움과 선교사 간의 이견

한정적 분야만의 조건을 제외하고도 조선에서의 선교는 그리 만만한 환경이 아니었다. 기존의 유교적 문화 뿌리를 해체하는 것이 단순하지 않았고 조선 정부만이 아니라 일본 식민정책과도 부침이 심하였다. 다행히 이미 천주교(서학)에 의해서 문화충돌의 예방접종이 된 상황이지만 야욕을 드러내는 일본과 부딪치지 않으면서 조선인들에게 희망을 주는 것은 불가능한 일에 가까웠다.

공식적으로는 학교와 교회를 통하여 젊은이들에게 새로운 세계와 문물에 대한 눈을 뜨게 하고 비공식적으로는 조선의 독립운동을 돕거나 지지하는 일이 중요한 선교의 한 축이 될 수밖에 없었다. 이런 환경에서 선교의 방법론에 대해 선교사들 간의 의견충돌도 있고 독립운동과 같은 사회운동의 지원에 대한 찬반의 이견도 선교에 발목을 잡는 요소 중의 하나였다.

게다가 마지막 땅끝이라고 여기고 여러 나라의 다양한 교계가 한국의 선교에 뛰어들다 보니 선교 현장에서 크고 작은 부딪힘과 어려움이 생기게 되었다. 교파 간, 선교사 개인 간 문제가 계속 발생하자 이를 해소하기 위해서 이른바 선교지방을 분할하는 협의를 거쳐서 문제를 최소화하고 선교실적을 높이는 방안도 강구되었다.

그런 과정에서 갑자기 선교 현장을 먼 지역으로 옮기는 사례도 발생하고 개인별이나 교파별 선교에 한계를 맞는 경우도 발생하였다. 다행히 대다수 선교사가 이런 어려움을 지혜롭게 극복하고 더 큰 성과를 올리는 개가를 올리기도 하였지만, 일부의 경우에는 선교에 거의 실패하여 본국으로 귀국한 사례도 없지 않았다.

5. 한국(인)의 아픔과 함께하는 삶

한국인 그리고 한국에 대한 사랑

당연히 선교사들이 선교지와 현지인들에 대한 이해의 차원을 넘어서 아끼고 사랑하는 마음이 있어야 선교를 시작하고 계속할 수 있었을 것이다. 거기에 더해서 한국인보다 한국을 더 사랑하는 마음이 깊어서 어느 정도 선교적 사랑의 깊이를 가진 선교사들 사이에서 '한국인보다 한국을 더 사랑한 외국인'이라는 별명을 얻는 사례가 있었다.

이러한 별명을 얻은 분 중에는 긴 세월을 통해 그 삶을 바쳐 우리를 사랑한 선교사도 있지만, 우리에게 극한의 어려움이 닥쳤을 때 그 마음속 깊이에 있던 한국이 자신의 고향이라는 중심을 행동으로 드러낸 분들도 있다. 이미 군대 근무를 마쳤는데 재입대해서 한국전쟁에 참전한 선교사 자녀들의 삶은 그저 경이로울 따름이다.

헐버트(Homer Bezaleel Hulbert) 선교사는 대학 총장인 아버지와 대학 창립자 증손녀인 어머니의 가문에서 태어났다. 대학을 졸업하고 신학을 공부하다 중단하고 1886년 7월에 최초의 국립 근대식 교육기관인 육영공원의 교육선교사로 내한했다. 육영공원이 폐교되어 1891년에 잠시 귀국했다가 아펜젤러 선교사의 권유로 1893년에 다시 내한하는 굴곡을 겪었다. 한글의 우수성에 매료되어 개인 교사로부터 공부하여 3년 만에 한글로 저술 활동을 할 수 있는 수준에 이르게 되었다.

그는 한국을 사랑하는 선교사들 사이에서 한국인보다 한국을 더 사랑한 선교사라는 별명으로 불리었다. 그의 삶에서 남긴 흔적들을 살펴보면 누구도 부인할 수 없다. 1889년에 세계의 지리, 사회, 문화를 담은 '사민필지(士民必知)'를 저작하여 한글로 된 우리나라 최초의 교과서를 집필하였다.

구전 중심으로 전해오던 아리랑을 서양식 오선지에 기보하여 세계에 알리고 한글이 세계에서 가장 우수하고 과학적이라 주장하는 논문도 써서 기고하였다. 한 걸음 더 나가서 일본과 중국이 한글을 쓰면 동북아가 좋은 결실을 얻을 것을 확신하여 실제로 중국에 한글사용을 제안하기도 했다.

이런 과정에서 주시경 선생과 함께 한글의 띄어쓰기, 쉼표, 마침표를 도입하는데도 기여했고 독립신문의 창설에도 도움을 주고 한글의 띄어쓰기 등을 실지로 적용하기도 하였다. 외교나 정치적인 활동에도 그 누구보다 열정을 쏟았다. 고종황제의 밀사로 미국에 밀서를 전달하거나 고종의 비밀기금을 독립운동에 쓰게 하는 비밀스러운 정치 활동도 서슴지 않았다. 헤이그 세계평화회의에 밀사를 파견하는 계획을 수립하고 자신도 참여하여 을지늑약의 원인무효를 주장하는 등 한국과 한국인에 대한 사랑을 쏟았다.

안중근 의사가 한국인이라면 헐버트를 하루라도 잊으면 아니 된다고 말씀하셨는데 이는 일본의 침략에 대한 대한민국 독립과 한국(인)을 사랑한 선교사에 관한 사례라면, 6·25전쟁이 발발했을 때 우리보다 한국을 더 사랑한 사람들을 잊을 수 없다. 윌리엄 해밀턴 쇼(William Hamilton Shaw)는 미 해군에 재입대하여 한국전쟁에 참여한 외국인으로서 우리보다 우리나라를 더 사랑한 삶을 실천한 선교사 후예 중의 한 명이다.

해밀턴 쇼는 아버지 얼 쇼(William Earl Shaw)가 선교사로 일할 때 평양에서 출생하여 십 대 중반까지 한국에서 살아서 한국을 고향으로 생각하고 있었다. 2차 세계대전 때 미 해군으로 노르망디 상륙작전에 참전했고 전역한 후, 미군정청의 일원으로 내한하여 해군사관학교 교수를 역임하고 해군창설에 도움을 주기도 했다.

군정청 근무를 마감하고 1950년 2월에 하버드대학 박사과정을 시작했는데 한국전쟁이 발발하자 내 고향을 위해 싸우러 가야 한다고 미 해군에 재입대하여 인천상륙작전과 서울수복 전투에 참여했다가 녹번리 전투에서 전사했다. 재 입대하여 전쟁에 참여하였다가 생존해서 우리나라 재건에 힘을 보탠 2명의 선교사 후예도 해밀턴 쇼 못지않은 사랑을 우리에게 나누었다.

나라를 사랑한다고 공언하는 우리나라 지도자들이 자신의 지력이나 능력을 어떻게 국가와 민족을 위해서 활용하는지를 깊이 생각해 보게 하는 삶의 모습들이다. 자신의 목숨이나 이득을 먼저 생각하지 않고 위기와 문제 앞에서 가슴 깊이에 있는 사랑을 실천하고 삶으로 증명한 분들이다. 자기 나라도 아닌 다른 국가와 민족을 지키고 정의와 미래를 위해 올곧은 결단과 실행으로 살아낸 참 세계시민이요, 진정한 지도자의 삶을 보여주었다.

낮은 곳을 향하는 접근과 소통

조선 사회가 왕과 왕을 둘러싼 양반 중심의 사회로 그 외의 사람들은 이들을 떠받드는 하층민으로 존재하였다. 왕족과 양반의 적당한 통치 체제하에 나라의 운영과 국방의 모든 의무를 감당하는 평민과 천민에게는 진정한 자유와 소유는 상상조차 할 수 없는 것들이었다. 불만을 해소하기 위한 봉기가 일어나곤 했으나 진압되고 수단과 방법을 가리지 않는 권력의 유지와 신분의 세습이 지배층에 의해 유지되던 시기에 개신교 선교가 시작되었다.

가장 먼저 사람 취급을 받지 못하던 여성과 부랑자와 평민들에게 손길을 내밀었다. 핍박이 몸에 밴 이들이 처음에는 선교사들의 평등사상을 의아해하였으나 차츰 자기의 삶으로 받아들였다. 한편 양반이나 지도층은 개화를 통한 자신들의 권력 유지를 위하여 서양 학문이나 문화와 기술이 필요했다. 그래서 선교가 아닌 교육과 서양 의술을 받아들이는 형식을 가지면서 상호 간에 동상이몽의 만남이 시작되었다.

정부가 세운 교육기관인 육영공원은 양반의 자제나 고급 관료에게 영어와 서양 학문을 가르치기 위해 선교사역을 받아들였다. 그렇지만 새로운 소통과 교육 내용이 지배층의 자제들로부터는 큰 환영을 받지 못했다. 급기야 예산이 줄어들고 운영상의 어려움으로 축소되고 폐교되는 길을 걷고 말았다.

반면에 선교사가 세운 학교와 교회를 통해 신분이 낮은 젊은

이들이나 여성과 천민들이 새로운 희망과 삶의 변화를 적극적으로 받아들이게 되었다. 이런 깨우침과 배움을 통해 인권과 권리에 눈을 뜨고 새로운 소통과 국가와 민족을 사랑하는 노력이 시작되었다. 이런 움직임이 두드러지게 표출된 것은 지도자와 젊은이의 토론 문화를 중심으로 형성된 협성회와 YMCA 활동 등으로 확장되었다.

선교사들이 설립한 학교를 졸업한 학생들이 사회운동의 중심에 섰다. 남자학교는 물론 여자학교에서도 젊은 여성들이 새로운 문화와 삶의 지평을 열었고 성인 여성들도 한글 성경을 통하여 글을 익히고 자신의 삶을 새롭게 인식하는 계기를 얻었다. 이는 남녀나 신분의 격차를 극복하는 희망의 불씨를 지피는 계기가 되어 갑오경장을 전후한 형평사 운동이나 3·1 독립 만세 운동에서 나이가 적은 젊은이들과 선각 여성들의 활동이 더 큰 감흥과 참여를 끌어내었다.

근대화 당시의 신문 창간이나 사회활동으로 정보나 여론의 확산에도 선교사들의 많은 협력과 도움이 더해졌다. 근대의 인쇄 매체로 발간된 신문은 정부의 관보 역할을 한 한성순보(한성주보)와 민간 신문으로 독립신문, 황성신문과 대한매일신보가 있었다. 한성신보가 순한문으로 발간되고 황성신문과 대한매일신보는 국한문 혼용체로, 독립신문은 순한글로 발간되어 신문

마다 각기 다른 특성으로 대중을 만났다.

특별히 독립신문은 최초의 민간 신문, 최초의 순한글체 신문, 최초의 영자신문 등의 많은 최초의 별명을 얻은 신문이다. 미국 시민권자인 서재필[10]이 자본을 모으고 몇 사람의 도움을 받아 내국인만으로는 어려운 독립신문이라는 이름을 정하고 1896년 4월 7일에 창간하여 서민에게로 다가갔다.

3면은 순한글로 1면은 영문으로 발간되어 정치, 시사, 국제 정세를 국민에게 소개하고 국내정세를 외국에 소개했다. 후일에 이 신문의 창간일인 4월 7일이 신문의 날로 제정되었다. 창간과 운영에 깊이 관여했던 헐버트 선교사는 순한글 신문에 띄어쓰기를 도입하였고 영어신문의 주필로서 국내외의 언론 활동에 크게 공헌하였다. 주간이던 서재필이 일본에 의해 강제 추방당한 후에는 아펜젤러 선교사가 주필로 신문발행을 이어갔다. 서민들과 민중을 향해 다가가는 모든 방법을 동원한 모습이다.

---

10) 서재필은 과거에 급제하여 관직을 하였고 일본에 유학한 후 1884년 귀국해서 갑신정변을 일으켰으나 민중들의 지지를 얻지 못하여 3일천하로 끝나고 말았다. 혼자 미국에 망명하고 전 가족을 잃게 된다. 미국에 귀화하여 한국인 최초의 시민권자로 서양의사가 되었고 내한하여 독립신문을 창간하였다. 대한제국 정부에 의해 추방되어 미국에서독립운동을 적극 지원하는 재미 한국인 지도자로 활동했다.

한국문화와 사회문제에 대한 접근

우리는 우리나라를 유구한 역사와 문화를 가진 민족이라는 자긍심을 갖고 있다. 그 뿌리는 대체로 종교적인 것이 주를 이루고 왕권과 귀족적 문화의 산물들이 대부분이다. 선교사들은 이런 전통과 자긍이 있는 문화 속에서 교육을 이용하여 신분제도와 사회문화적 환경에 스며있는 문제를 해결하는데 주안한 것으로 여겨진다.

물론 처음에는 서양식 교육과 의료를 기반으로 접근하다가 차츰 사회 깊숙이 뿌리내리고 있는 문제를 발견하고 선교와 문제해결을 연계하는 방안을 도출하였다. 이 방안들이 선교사들이 주관하는 교육과 의료분야에서 상당한 결실도 거두어서 궁극적으로는 종교적으로도 접근할 수 있는 계기가 되기도 하였다. 그분들은 신분과 성별의 차별, 술과 담배는 물론 노름으로 인한 부패 된 일상, 청결하지 못한 사회환경을 정확히 진단하고 방향을 잡는 일에 주목하였다.

무엇보다 신분과 성별의 차별을 인식하기 시작한 천한 사람들의 적극적인 지지를 받게 된다. 나아가서 가정이나 사회 피폐의 원인이던 부패한 일상을 퇴치하는 차별화를 통해서 서민들의 동참을 끌어내었다. 페스트, 인플루엔자, 소아마비, 천연두, 홍역 등의 유행병을 치유하고 예방하여 삶의 질을 향상시켰다.

이런 현상적 문제에 머무르지 않고 학교와 각종 기관을 통해서 미래와 희망을 심어주고 정신적인 면에서도 계몽과 당시의 과제인 독립운동을 간접적으로 지원하였다. 사회 전반의 문제 해소와 미래 개척의 희망이 보이기 시작하자 신분의 높고 낮음에 상관없이 국가 전체적인 호응과 신뢰를 얻게 되어 세계 선교 역사에 전무후무한 쾌거를 이룬 기초가 다져진 것이다.

　외형적 선교의 성공이나 경제적 윤택의 이면에 지금도 교회와 사회 전반에 미성숙한 어설픈 현상이 스며있다. 교회 내외부에서 술과 담배가 믿음이나 죄의 잣대로 작용하는 유아적 신앙과 관점이 고스란히 남아있다. 우리나라는 경제와 의료 수준이 세계적인 수준인데도 결핵 유병률이 높은 나라라는 오명이 가시지 않는다. 교육의 기본이 왜곡되어 경제 수준과 비교해서 행복 지수가 낮고 다름을 인정하는 화합의 역량이 부족하다 못해 메아리조차 메마른 골짜기가 패여 있다.

　이런 시대적 현상에 대해서 오늘날의 교회들이 선교사들의 낯선 전함과 만남에 아이처럼 기쁘게 화답하던 초심, 즉 처음 사랑을 회복해야 한다. 선교사들이 희생과 수고를 바쳐서 일구어낸 결실들이 더 알차지기는커녕 희석되고 무너져 내리고 있다. 선교 100주년을 기리기도 했고 대외 선교에 열을 올리기도 하지만 교회의 본질이나 본성이 왜곡되고 있다. 이런 시기에 선교사들의 활동과 영향을 다시 한번 되새기게 하신 하나님의 섭리하심이 느껴진다.

지금 우리 사회는 신분제도가 사회의 깊은 수렁이던 시대보다 더 심각하고 다양한 갈등 상황, 미래와 희망에 대한 싫존주의(싫尊主義)[11], 마약의 사회문제화, 정신질환의 급속한 증가, 이유 없는 흉악범죄 등 깊은 병증을 앓고 있다. 사회가 앓고 있는 병폐에 대해서 교회가 방관하거나 침묵하고 심지어 교회가 전염되어 온상이 되는 사례도 보이는데, 무지몽매하고 희망조차 없던 우리에게 선교사들을 통해 펼쳐 보였던 하나님이 원하시는 낮은 곳을 향하는 교회의 사명을 되새겨 보아야 할 때이다.

절망 속에 희망의 터닦이

몇몇 선교사들은 다른 선교사나 선교본부가 말리고 걱정할 만큼 풍전등화의 모습에 처한 우리나라의 현실적 문제에 직접 관여하기도 했다. 나라를 빼앗으려는 정치적 문제나 성씨 개명, 신사참배 등의 문제에 곧바로 맞서거나 젊은이들이 나설 수 있

---

11) 젊은이들이 자신이 듣기 싫거나 하기 싫은 일에 대해서 존중받고 싶으니 묻거나 강요하지 말라고 주장하는 현상이다. 미래에 대한 회의적 시야와 인간관계의 단절을 보여주는 신조어이다.(예를 든다면 결혼, 취업, 출산 등의 답하기 싫은 것들에 대해 존중해 달라는 것이다)

도록 도왔다. 정치적으로 고립된 고종의 안전을 지키기도 하고 밀사역도 맡아서 실질적인 위험과 맞서며 조선 독립과 미래를 위해 앞장섰다.

공식적으로 승인된 교육 분야의 선교를 시작으로 배재, 이화, 배화, 연세, 숭실 등 대도시와 지방의 학교들과 교회를 통해서 미래를 열어갈 지도자를 양성하였다. 단순히 영어나 서양 학문만 가르치지 않고 국가와 나라를 사랑하고 미래를 개척하는 젊은이를 양성하였다. 이런 배움으로 젊은이들이 국가나 사회를 위해 활동을 전개하면 지원하고 심지어 함께 활동하며 온갖 위험을 감수하기도 하였다.

실질적으로 YMCA나 YWCA와 4H 등의 활동을 통해서 농민과 사회 계몽운동, 독립운동에 직접 또는 간접으로 참여하거나 후원했다. 일본에 대항하기 위해 노력하는 정부나 여러 기관과 젊은이에게 외교적 정보도 제공하고 외교활동을 직접적으로 돕기도 하였다. 간접적으로는 학교와 단체의 다양한 프로그램을 통해서 젊은이들이 사회의 여러 가지 문제를 위해 앞장서서 실천하는 길을 가르치고 방향을 제시해 주었다.

2. 낯선 만남의 성숙

1. 거의 모든 것이 최초가 되는 열기

세계를 놀라게 하는 교육열의 촉발

우리나라가 전 세계적으로 교육열이 높고 문맹률이 낮은 국가가 되었다. 근대교육이 시작되던 개화기에 크게 3가지 갈래의 교육이 시작되었다. 공교육은 일본의 식민화 교육, 사교육의 형태로는 선교사를 중심으로 한 학교와 애국 선각자들에 의한 학교 교육이 시작되었다. 애국 선각자에 의한 사교육이 여러 가지 특성으로 다양하게 시도되었으나 차츰 희석되어 선교사 중심의 사교육 형태로 점철되었다.

일본에 의해 강제된 공교육이 사회 전반에 펼쳐졌다. 그러나 일본의 교육 목표는 식민지화를 향하였다. 1911년, 1919년, 1938년, 1943년 4번의 조선교육령을 선포하였는데 외형상으로는 교육의 형태를 가지고 있으나 내면은 식민지 정책의 중요한 방편임이 드러난다. 우리 민족의 이성 발달을 막고 식민 민족으로 충성하게 하는 방안으로 교육을 이용했다. 외형과는 전혀 다르게 은밀하게 사회와 문화를 통제하고 우민화하려 한 내용이 스며있다.

제1차는 황국신민화의 토대가 되는 일본어 보급, 신민으로서 부림을 당하는 실용적인 사람(근로인, 하급 관리, 사무원)을 양

성하는 내용이다. 3·1운동 이후에 발표된 제2차 법령은 문화정
치를 표방하여 형식적으로 일본 학제와 같은 학제를 가지는 융
화 정책을 펼치는 내용이다. 그 실체는 우리 민족의 사상을 말
살하고 일본화하는 목표가 숨겨져 있다. 제3차는 식민지화 기
간이 길어지자 한 걸음 더 나아가 황국신민화가 노골적으로 드
러난다. 얄팍하게 한일 교명 단일화를 내세우고 일본어 기반의
일본사 교육 등으로 우리의 역사와 문화를 왜곡했다. 1941년 전
쟁이 발발하자 제4차에는 수업연한 단축과 전쟁 동원의 속내를
여과 없이 드러냈다.

　이런 과정에서 앞 장에서 언급된 기독교 학교나 선교사의 교
육목적은 일제의 정책과 배치되었다. 비록 교과나 기본 교과서는
따르더라도 실질적인 교육 내용은 자립과 독립을 바탕으로 하고
있었다. 인간으로서 기본 권리와 국가와 민족을 사랑하는 미래와
희망의 꿈을 심었다. 나아가서 우리 역사와 문화에 대해 새롭게
인식하는 시야를 가르쳤고, 삶을 이롭게 하는 실용적 교육으로
시대를 읽고 내일을 개척하는 새로운 삶을 선사한 것이다.

　처음에 선교사가 설립한 사립학교에 오는 학생이나 부모의
바람은 외국어(영어)를 포함한 새로운 학문을 배워서 직업을 잘
얻거나 출세하는 것이었다. 그러나 선교사들은 서양식 토론학
습, 실용 학습, 세계적 관점, 인본주의를 통하여 국가와 민족을

바라보는 시야를 갖는 전인적 교육을 지향하였다. 이런 참교육은 젊은 학생뿐만 아니라 부모와 기성세대에도 영향을 미쳐서 교육이 삶의 질적 향상과 사회의 변화를 끌어내는 원동력이 되고 미래의 물결을 주도하는 최고의 가치임을 인식하게 되었다.

배재학당은 우리나라 최초의 근대식 중등 교육기관으로 1885년 아펜젤러에 의해 설립되었고 이름은 고종황제가 직접 내린 '인재를 기르는 집'이라는 의미를 지니고 있다. 젊은이들을 사회의 지도자로 양성하기 위해서 지도층 인사들과 토론하는 장도 열고 삼문출판사를 통하여 학문과 교과의 기틀을 형성하는 데 앞장섰다.

이화학당은 여성을 위한 최초의 교육기관으로 1886년, 스크랜튼 선교사가 설립하였다. 고종 황제와 명성 황후로부터 얻은 이화라는 명칭은 학교 주변에 많은 배꽃에서 따와서 '배꽃처럼 희고 맑고 깨끗하라'는 의미를 품고 있었다. 여성학교로 처음 문을 열었기에 서양인에 대한 이해 부족과 여성 교육의 인식이 없어서 학생 모집에 어려움을 겪었다.

천민 여성과 고아들을 학생으로 받아들이고 기숙사도 만들어서 어려움을 극복해 나갔다. 선교사들의 끈질긴 노력과 설득에 두려움과 오해가 극복되면서 차츰 학생 수가 늘어나기 시작하자 사람들의 인식 또한 변해가기 시작하였다. 여성도 동등한 대우와 교육을 받아서 지도자가 되는 혁명적 초석을 놓게 되었다.

배화학당은 남녀공학으로 시작된 교육기관으로 1898년, 캠벨 선교사에 의해 설립되었다. 초기에 캐롤라이나 학당의 이름을 1910년에 배화학당으로 개칭하고 남학생을 배재학당으로 전학시킨 후인 1925년에 '배화여자고등보통학교'로 개칭하였다. 특히 학교 내의 교실이나 선교사 사택에서 예배를 시작하여 종교교회와 자교교회[12]의 산실이 되었다.

서양 의술의 시작과 의료진 양성

최초의 서양식 의원은 일본에 의해 개설되었다고 보아야 한다. 강제로 개항을 요구한 부산, 원산, 인천에 주재하는 일본인들을 치료하기 위해 의원을 개설했다. 그 의원에서 가끔 한국인들을 진료하기도 하였다. 자기들이 근대화한 우수성을 드러내는 방편 중의 하나로 이용하려 했다.

그러나 자국민 보호와 일본에 대한 우호감을 부추기는 속내를 드러내는 것 외에 우리나라의 환경개선이나 의학 발달에 아

---

12) 1900년 4월 15일 부활주일을 기해 배재학당 학생과 교사 중심의 잣골교회로 출발하여 교인이 계속 증가하자 1908년에 종침교(琮琛橋) 부근 도렴동으로 옮기면서 종교교회(琮橋敎會)로 개칭하였다. 이후 잣골교회에 남았던 교인들이 창성동 자수교(慈壽橋)근처로 옮기면서 '자교교회'(慈橋敎會)로 명명하였다.

무런 영향이 없었다. 후일 정부가 개설한 의원이나 학교를 증설하여 조선총독부가 주관하는 형식을 띠면서 의료분야를 독점하려는 야욕도 드러냈지만, 침탈이나 지배의 수단으로 이용하려는 수준에서 벗어나지 못했다.

이처럼 일본이 의술 분야도 교묘한 침략야욕을 품은 혼란기에 선교사들은 내한 즉시 학교와 병원을 개설하였다. 특히 1884년 미국 대사관의 의료인으로 내한한 알렌이 갑신정변으로 중태인 정부의 실세 민영익을 살려내어 고종으로부터 서양식 병원인 국립 제중원(광혜원) 건립을 끌어내었다. 장소와 건물 및 운영비는 정부가 담당하고 의술과 의약품을 선교부가 담당하는 하드웨어와 소프트웨어 분리 형의 출범이었다.

기존의 대민의료기관인 혜민서와 환인서를 폐지하고 개원하면서 광혜원(廣惠院)으로 명명했다가 13일 만에 '대중(백성)을 구제한다'는 의미의 제중원(濟衆院)으로 개명하였다. 신분의 고하, 남녀노소를 구분하지 않는 서양 의술에 의한 수술과 치료가 이루어졌다. 제중원 개원 2년 뒤인 1886년에 16명의 학생으로 제중원 의학교가 개교하여 한국인 서양의학 인력의 양성도 시작되었다.

선교사들에 의해 시작된 서양식 진료와 질병 퇴치는 환경에 많은 영향을 주었다. 일반 백성들의 삶이 열악하고 위생 관념이

취약해서 전염병으로 많은 사람이 사망하던 우리 사회에 선교사들이 세운 최초형의 병원들이 문을 열었다. 최초의 근대식 병원은 앞에서 언급한 제중원, 최초의 여성병원인 보구녀관(保求女館), 최초의 개인 병원인 시병원 등이 개원하면서 민중 환자가 편하게 치료받는 환경이 만들어졌다.

단순히 환자 진료만이 아니라 유행병을 막기 위해서도 다양한 노력을 기울였다. 먹는 물이나 음식의 관리와 배설물이나 쓰레기 관리 등의 문제도 계몽하고 유행병 예방을 위한 접종이나 환자 분리 등도 시작되었다. 수술이나 치료의 병원 외에 요양원과 격리실에 의한 전염병의 예방과 치료가 이루어져서 사망자가 감소하고 계몽으로 생활환경이나 습관도 현격히 달라졌다. 이른바 삶의 질이 달라지기 시작하였다.

서울이대병원에 복원된 보구녀관

YMCA를 통한 다양한 활동

대한제국 정부가 민회를 금지하고 독립협회를 해산하자 배재학당 학생들이 중심이 된 150여 명의 젊은이가 YMCA 설립을 청원하였으나 정부의 저지로 무산되었다. 이후에 언더우드와 아펜젤러 선교사가 YMCA 국제위원회에 한국 YMCA 창설을 청원하였고, 국제위원회에서 파송한 설립 간사 질레트 (Gillette, Phillip L.)[13]에 의해 1901년 9월에 한국위원회가 조직되었다.

1903년 10월에 미국과 캐나다 선교사들이 중심이 되어 황성기독청년회가 정식 출범하게 되었는데 초대 회장이 헐버트 선교사이고 임원과 간부진 대부분이 외국인으로 구성되었다. 정부와의 관계나 내국인의 경험이 적은 점 등이 고려된 시작으로 거의 국제적 성격의 단체로 출범한 셈이다.

학교와 교회를 중심으로 많은 한국의 청년들이 참여하여 1905년에는 500명으로 급속하게 성장하였다. 주축이 된 선교사들과 신지식층들은 정치단체가 아닌 교육, 계몽, 선교를 중심으로 여러 가지 활동을 전개해 나갔다. 상류층 청년 자제를 중

---

13) 한국, 서울 YMCA 창설에 중심적 역할을 하였고 야구, 스케이트, 농구 등의 스포츠를 최초로 우리나라에 소개하였음.

심으로 한 상층부의 교육과 활동은 자강과 계몽운동이 주를 이루었고, 젊은 청년들의 문화 계몽운동은 농촌운동, 독립군 기지 건설 등의 사회운동으로, 상공업자와 신지식층은 물산장려운동과 생활개선 운동의 민족운동 주도 등 사회 전반의 변화와 개혁을 주도했다.

동경 유학생의 2·8 독립선언이 촉매제가 된 전국적 3·1운동이 에큐메이컬 선교운동[14]의 결실이라고 해도 과언이 아니다. 선교사들이 펼친 교파와 지역의 구분 없이 세상에 하나님의 나라를 확장하려는 움직임은 학생 YMCA 운동을 통하여 전국적인 지역 연합조직을 형성하고 교회들의 연합으로도 이어졌다.

이 움직임은 야학과 농촌계몽을 비롯하여 항일과 민족운동 등을 주도하거나 돕는 근대 학생 운동에서도 드러난다. 3·1 운동은 우리나라뿐만 아니라 중국이나 동남아의 여러 나라에 큰 영향을 미치고 선진국들도 놀란 운동이었다. 지극히 짧은 시간에 전국적으로 전파되고 조직적으로 전개된 이면에는 이런 학생 운동과 교회의 적극적인 참여가 있었다.

---

14) 애큐메니칼(Ecumenical) 운동은 세계 교회의 분열을 극복하기 위한 교회 일치를 추구한다. 19세기에 세계선교가 활성화되는 과정에서 태동하게 되었다. 선교지에서는 교파가 오히려 장애가 되고 선교현장에서는 서로 연합해야 선교의 성과를 이룰 수 있었다. 우리나라의 선교를 주도했던 선교사들도 동일한 상황에서 교파와 지역을 초월한 협력적인 선교운동을 중심으로 활동하였다.

근대화에 영향을 미친 최초의 것들

쇄국정책을 펼치던 동양의 자그마한 나라에서 공식적인 활동을 인정받고 펼치는 선교사들의 서양 문물 소개는 거의 모든 것이 최초라는 이름이 붙을 수밖에 없다. 앞에서 소개된 학교와 병원, 그리고 신문 등의 굵직한 최초의 것 외에도 각 교파나 지방마다 최초의 교회가 세워지고 최초의 행사나 이룸이 많았음을 짐작할 수 있다.

개화 초기에 이루어지는 거의 모든 것이 처음 대하거나 경험하는 상황이었을 것이다. 여기서는 선교나 선교사에 의해 이루어진 특이한 최초의 것에만 초점을 맞춰본다. 최초 서양 아이의 출생, 서양식 결혼과 장례, 크리스마스실, 장애인 학교, 요양 시설, 고아원, 한글 성경전서, 한글 찬송가 등 최초의 것들이 너무 많아 일일이 열거하기 어려울 정도이다.

개중에는 이런 것도 외국인 선교사에 의해 최초로 이루어졌다고 생각하기엔 의아한 것들도 있다. 교육선교사 헐버트에 의해 편찬된 최초의 한글 교과서인 '사민필지'와 '아리랑'의 오선지 최초의 기보는 당연히 우리나라의 전문가들에 의해서 이루어져야 할 것들인데 외국인 선교사에 의해 이루어진 최초의 사례들이다.

당연히 외국에서 이루어져야 할 행사가 우리나라에서 최초로 이루어진 것도 주목받는다. 바로 1931년에 있었던 14명의 감리교 여성 목사의 안수식이다. 서양에서 19세기 말에 여성 목사에 대한 의견이 제시되었으나 지지부진하였다. 그런데 이렇게 많은 숫자의 외국인 여성 목회자들만의 안수식이 우리나라에서 최초로 거행되었다. 이것은 우리나라에서 시행된 최초의 행사라기보다는 세계적 최초의 사안이라고 할 수 있다.

지금은 우리나라에서 최고의 인기를 얻고 있는 축구와 야구도 선교사들이 YMCA를 통해 최초로 전해준 서양 문물로서 단체로 즐기는 여가문화가 거의 없던 당시에 젊은이들의 삶과 문화에 큰 영향을 끼쳤다. 토론 형태의 교육을 비롯하여 실용 학문과 전인적 교육도 우리나라에서는 최초로 실행된 것으로 전제적이고 가부장적인 사회에는 커다란 파장을 일으켰다.

이런 최초의 것들이 우리 사회에 어떤 영향을 끼쳤는지가 중요하다. 가장 많은 최초의 것들이 교육과정에서 파생되었다. 선교사들이 뿌리내린 최초 교육의 근본은 평등한 삶에서 함께 행복하고 문제를 헤쳐 나가며 미래를 개척하는 젊은 인재를 양성하는 것이었다. 그래서 당시의 학생들과 젊은이들은 자신보다는 국가와 민족을 생각하는 지도자로, 백성으로 자신의 삶을 가꾸었다.

그러나 이런 최초의 교육과 협력 문물이 퇴보하여 주입식이나 입시 중심의 교육으로 바뀌고 성적과 부모의 주장이 자녀의 미래 설계에 중대한 영향을 미쳐서 자신의 정체성과 다르고 만족도가 낮은 삶을 사는 젊은이들이 많다. 나아가서 자존감과 이타심이 바닥나서 미래나 사회 전체를 위해 해야 할 일을 포기하는 'N포 사회'라는 용어가 가슴을 아프게 한다.

나라를 빼앗겼을 때, 전쟁에 휩싸여 있을 때, 아우성과 불만만 가득하고 불평등과 가난에 더해 앞이 보이지 않는 고난을 물려받은 우리였다. 온갖 어려움과 방해 속에서 최초의 것을 열어 이웃 사랑을 펼치고 가르친 선교사들이 이렇게 왜곡된 우리의 실상을 보게 된다면 무엇이라 평할지 조심스럽다.

할버트선교사가 집필한 최초 한글교과서

2. 놀라운 결과로 나타나는 만남의 결실

성경 공부에 열을 올리는 모습

우리나라의 기독교 선교가 놀라운 결실을 얻었고 이제는 세계적으로 최상위의 선교 국가로 자리매김하였다. 그 과정이나 이유를 간략하게 설명하기 어렵다. 그렇다고 우리나라 선교의 특징과 성과를 과장하거나 간과하고 지나칠 수도 없다. 특성을 잘 살려서 지속하고 문제를 파악해서 고치는 노력을 해 나가야 한다.

종교개혁 시에도 그랬듯이 무엇보다 성경에 기초를 두는 것이 중요하다. 그래서 교회의 그 어떤 요소보다 중요한 것이 성경 공부일 것이다. 이것은 열성적인 기도나 열심 있는 참여만으로 달성하기 어렵고 목회자 설교나 교회 생활만으로도 가까워지기 어려운 영역이다. 그런데 우리나라의 선교 초기에 성경 공부의 열기가 뜨거웠던 것이 선교사들이 놀라는 점 중의 하나였다.

우리와 인접한 문화와 환경이 비슷한 이웃 나라의 선교와 비교해 보면 성경 공부의 열정으로부터 시작된 선교적 특성과 빼어난 성과의 이유를 조금이나마 설명이 가능할 듯하다. 일본과 중국의 경우 천주교는 200여 년, 기독교는 25년 정도 우리나라보다 일찍 선교가 시작되었다. 초기 선교사들의 환경과 전략은 거의 비슷하다. 직접적인 신앙의 접근보다는 교육과 의료 활동을 중심으로 전개한 것도 거의 동일하다.

그런데도 우리나라가 훨씬 다른 결실을 얻은 이유는 각 나라의 민족적 성향에서 살펴볼 수 있다. 우리 민족은 순수하게 받아들이고 급격히 뜨거워지며, 동시에 빠르게 변화하는 경향이 있다. 일본은 분석적이고 미미하게 수용하고 다른 결정으로 바꾸기도 한다. 중국은 흔히 알려져 있기를 '만만디'하여 아주 천천히 반응하고 그 결과를 자신들의 것으로 집대성해야 한다고 생각한다.

이런 측면으로 볼 때, 일본인들이 선교사들의 전도에 긴가민가 저울질하는 모습으로 반응하고, 중국인들은 한동안 반응조차 제대로 나타내지 않는다. 그러나 우리나라에서는 선교사들이 펼친 성경 공부가 사경회로 불타오르는 열정으로 이어졌다. 그 열정은 전국적으로 전 계층에 전파되어 선교사들도 감탄하는 불꽃이 되어 타올랐다.

예배드리는 것 외에 성경 공부 시간을 따로 나누어 성경 배우기에 힘쓰는 모습이 우리나라 선교와 기독교의 근본으로 자리매김하였다. 여기에 우리만의 특성이 더해져서 심령부흥회, 성경사경회, 수요 성경 공부, 새벽 기도회, 철야 기도회로 이어져 오늘에 이른 것이다.

대 부흥의 물결

유럽의 구교나 미미한 개혁에 반대한 청교도들이 자신들의 신앙을 지키기 위해 미국으로 건너와서 차별화된 삶을 펼쳤는데도 차츰 그 처음의 순수성과 열정이 흐려지곤 하였다. 그래서 남북전쟁을 전후해서 각성 운동이 일어나서 신앙적 뿌리를 다시 생각하고 청교도로서의 신앙을 이어 가는 심령 부흥이 일어났다.

청교도 운동에 뿌리를 두고 삶과 선교를 펼치는 미국에는 뿌리가 깊은 유럽에 비해서 뚜렷한 신학적 기반이 마련되지도 않았고 교회사적으로도 괄목할 만한 리더나 교회도 없었다. 그러나 신학적 배경이 미천한 무디(D. L. Moody)를 통하여 세계 선교 운동이 일어나서 그 부흥의 물결이 우리나라를 비롯한 세계 복음 선교에 큰 영향을 미치게 되었다.

당시에 땅끝으로 여겨지던 우리나라가 선교 100년 만에 전 국민의 20% 이상의 교인을 확보하는 성과를 이루는 선교 기적의 땅이 되었다. 또한, 원조를 받던 나라가 원조를 주는 나라로 바뀐 사례도 없다. 이런 변화는 혁명과 같은 사회운동이 일어나거나 성령의 대부흥이 아니면 불가능하다. 우리나라의 경우 사회 혁명보다 부흥 운동이 먼저 전기를 마련한 경우라 할 수 있다.

1907년 당시의 정치적 사회적 현상을 감안하면, 이렇게 큰 부흥 운동이 일어날 가능성이 거의 없는 상황이었다. 1905년 한일 합방이 이루어진 후에 알렌을 비롯한 상당수의 선교사가 조선의 멸망을 당연시하고 희망이 없다고 판단했고 일부 우리나라의 지도자들도 그런 생각에 빠져서 실수하거나 일본에 동조하는 모습이 드러나는 참담한 환경이었다.

이 시기에 말씀을 전해 받은 한국 교회의 지도자들이 자신들의 잘못을 뉘우치고 국가와 민족을 위한 기도와 실질적 변화의 모습을 보인 것이 '평양대부흥운동'의 실질적인 시작이었다. 그 전초 현상으로 나타난 1903년 원산의 회개 운동도 교회의 지도자였던 선교사들이 사경회를 통하여 자신들의 교만 또는 오만을 깨닫고 교인들에게 진솔하게 심중을 토로한 집회에서 비롯되었다.

즉, 부흥의 물결은 지도자들이 스스로 자신들의 신앙적 회개와 생활적 변화를 보임에서 출발했다. 이런 변화는 일반인에까지 그 영향이 이어져 대부흥의 참 신앙과 삶의 기틀이 되었음이 분명하다. 오늘날 우리 가정과 교회, 조직과 사회가 겪는 어려움에 대해서 어떻게 접근해야 하는지를 보여주는 중요한 화두가 아닌가 생각해 보게 한다.

순교와 선교의 새로운 기틀

우리나라에서 개신교의 선교사 중에 순교한 사례는 없다. 천주교에 대한 탄압이 1866년 병인박해에 그 극을 이루고 그 이후에는 전혀 탄압이 없는 현상도 특이하다. 대부분의 종교적 탄압이 포물선의 형태로 사그라들거나 극심한 박해 뒤에 한두 번의 사례가 더 있는 것이 보통인데, 우리나라는 박해가 극을 이루고 그 이후에 정부의 박해 자체가 없고 천주교 내부에서도 사회적 참여를 자제함으로 부딪힘이나 박해가 전혀 없어진 상황이 계속되었다.

이런 상황이 전개된 20년 정도 후에 기독교 선교가 시작되면서 종교적 전파 자체를 허락하지 않고 교육과 의료 활동만 가능하게 문호를 열어 준 것은 아시아지역 선교에서 나타나는 대동소이한 현상이다. 19세기 말에는 서양 강국들이 여러 가지 형태로 저개발국에 진출하는 추세여서 탄압이나 박해는 거의 사라지기도 했고 차츰 선교사들의 활동이 자유로워졌다. 부분적이기는 하지만 기독교 선교사들은 정치적 현안에 뛰어들기도 하지만 천주교는 병인박해 이후의 기조를 유지한다.

이런 천주교의 기조는 1919년의 독립선언문 서명 33인의 구성에도 그대로 나타난다. 천주교가 상당한 교세가 있었음에도 33인 중에 천주교인은 단 1명도 없고 천도교 15명, 기독교 16

명, 불교 2명으로 이루어져 있다. 유교는 명확히 종교로 표현하기 어렵기도 하지만 여러 계파 간에 통일된 의견을 도출하지 못했다고 한다. 천도교가 주도하였고 제일 많은 인원의 기독교인이 참여한 상황이었는데 천주교 한국 본부(?)에서 사회운동에 자제를 당부했다는 후문이 있다.

순교의 사전적 의미는 자기가 믿는 종교, 즉 신앙 때문에 박해를 받아 목숨까지 잃게 되는 일이다. 자신의 신앙을 지키기 위해서 박해를 받다가 죽은 경우로서 신앙, 박해, 죽음의 모든 조건을 갖추어야 한다. 그런데 신앙적 박해 그 자체는 없더라도 선교 대상의 변화를 위해 위험을 무릅쓴다는 것은 자진해서 죽을 수도 있는 상황과 직면한다는 뜻이다. 이는 사전적 의미의 순교 못지않은 다른 의미의 순교적 활동임이 분명하다.

그래서 순교에 대한 새로운 접근으로 적색 순교와 백색 순교로 나눈다. 이에 한 가지가 더해 녹색 순교라는 용어가 등장하였다. 적색 순교가 박해나 고통 속에서 신앙을 지키다가 목숨을 바친 것이라면, 백색 순교는 봉사와 사랑을 실천하며 어려움 속에서 복음을 전파하는 피 흘림이 없는 순교이다. 또 녹색 순교는 자신이 주어진 삶에서 신앙의 본을 보이며 일상의 삶을 참 신앙인으로 사는 의미로 나누어진다.

아직도 종교적 자유가 보장되지 않는 지역에서는 순교를 각

오한 선교가 이루어지고 있지만 그렇지 않은 현실 세계에서 순교적 삶을 어떻게 영위하여야 할지를 우리나라 기독교 선교사와 신앙 선조들이 보여주었다. 우리에게는 선교사의 순교에 가까운 백색과 녹색의 순교적 신앙과 일제강점기와 전쟁에서 순교한 한국인 신앙 선조들의 적색 순교의 모형이 제시되어 있다.

용인에 위치한 한국기독교순교자기념관 전경

3. 대를 잇는 기묘함

선교의 대를 잇는 가문들

어떤 일에 대해 가문에서 대를 잇는다는 것이 그리 쉬운 일이 아니다. 그것도 재벌이나 특별한 사업을 이어받는 것이 아닐 때는 더욱 그러하다. 심지어 위험을 감수해야 하는 일이라면 대를 잇기는 거의 불가능에 가까울 것이다. 서양인으로 조선에서의 선교에 대를 잇는다는 것, 그것도 2대 정도가 아니라 3대, 4대로 이어지는 것은 특별한 어떤 것이 없이는 불가능하다.

조선에서의 선교는 세속적 관점에서 보면 대를 이을 매력적 포인트가 거의 없다. 부나 명예를 얻는 삶이 아니다. 이에 대해 뚜렷한 이유를 설명한 기록도 없기에 무엇이 그들이 3대를 넘어 4대에 이르기까지 조선 선교를 이어왔을까를 짐작해 볼 뿐이다. 무엇보다 대를 잇는 신앙적 뿌리가 중요할 것이다. 여기에 더해서 선대 선교사들의 삶이 그 신앙과 일치된 모습이어야 가능하다. 그리고 후예들의 신앙과 삶의 목표도 대를 이을 깊이가 있어야 한다.

초기 한국기독교 선교사 가문 중에 대를 이은 가문이 한둘이 아니고 상당히 많다는 것이 우리가 신앙적 안정과 삶의 윤택함을 누리는 그루터기가 되었다는 생각이 든다. 최초 선교사로 알려진 언더우드와 아펜젤러 가문이 그 대표적 자리를 차지한다. 근대의학의 기초를 놓아준 애비슨과 홀의 가문, 성경 번역과 근대교육에 궤를 이룬 레이놀즈와 베어드 가문, 근대 군대와 지역 발전의 쇼와 유진벨 및 린턴 가문 등 그 외에도 여기에 나열하지 않은 가문이 많다.

우리에게 엄청난 울림을 주는 한 둘의 예만으로도 이 가문들의 영향력이 어떠하였는지는 가히 짐작하고도 남는다. 이미 군역을 마쳤는데 미 해군에 재입대해 한국동란에 참여한 윌리엄 2세, 린튼 2세, 언더우드 3세는 선조들을 이어 한국 사랑에 자신의 젊음과 목숨을 내놓는 선교의 대를 잇는 대표적인 모습을 보였다.

앞에서 잠깐 언급하였지만, 다시 되새겨도 의미가 있을 것이다. 윌리엄 2세, 윌리엄 헤밀턴 쇼(William Hamilton Shaw)는 군종 제도를 만드는 주역을 하고 초기의 신학교육에 기틀을 다졌던 윌리엄 얼 쇼(William Earl shaw) 선교사의 아들이다.

조선에서 태어나 자라서 조선을 고향으로 생각하여 부인과 2자녀를 가진 가장이자 하버드대 박사과정을 뒤로하고 한국전쟁에 참여하기 위하여 미 해군에 재입대하였다. 인천상륙작전에 참여한 후, 서울수복 전투에서 전사하여 양화진에 안장되었다. 다른 2명은 전쟁 후에도 한국에서 선교 활동을 펼친 선교의 대를 이은 후예들이다.

맹아 점자책과 장애인을 위한 의료 및 교육에 큰 발자취를 남긴 로제타 홀 가정은 모든 가족이 우리나라 선교에 전 생애를 바쳤다. 선교 3년 만에 과로로 생을 마감한 아버지를 이어 의사가 된 아들 샤우드 홀(Sherwood Hall)도 앞서 언급했듯 결핵 퇴치를 위해 일하다가 일제에 의해 추방당하여 인도에서도 결핵 퇴치와 전염병 예방을 위해 일하다가 우리나라에서 잠들었다.

어린 나이에 아버지를 여읜 아펜젤러 선교사의 자녀인 두 남매는 눈을 감는 순간까지 젊은이의 교육과 신앙 성장을 위해 헌신했다. 한국에서 태어난 최초의 서양 여아로 알려진 엘리스 아펜젤러(Alice R. Appenzeller)는 독신으로 생활하면서 이화학당의 채플을 인도하다가 생을 마감하였다. 동생인 헨리 닷지 아펜젤러(Henry Dodge Appenzeller)는 아버지를 이어 교육선교사로 헌신하다가 미국에서 별세하였으나 아버지를 위해 한국에 와서 양화진에 묻혔다.

제중원 안정화 과정의 신비

가문의 대를 잇는 것도 쉬운 일이 아니지만, 근대의학의 불모지에서 그 뿌리를 내리고 기틀을 잡아가는 과정에도 일반적으로 이해하기 힘든 미묘한 과정이 있었다. 미 대사관 소속 의사였던 알렌은 당시의 실세였던 민영익을 치료하여 고종으로부터 신임을 얻었고, 일종의 왕립(국립) 근대식 병원을 설립하게 되고 초대 원장으로 취임한다. 제중원은 4대 원장인 애비슨(Oliver R. Avison)에 이르러 비교적 안정화된다. 이 과정에서 외견적으로는 그리 매끄러운 대 이음이 이루어지지 않았다.

초대 원장인 알렌은 의사로서의 실력도 갖추었지만, 정치적이고 야망이 커서 제중원 설립과 초기 단추를 끼우는 데 큰 역할을 하고 난 후에 대사관을 통한 외교적 활동에 더 관심이 있어서 원장직을 떠나게 된다. 2대 원장인 헤론은 의학적 학식과 능력이 출중하여 제중원 본연의 의료적 기틀을 다지는 데 주력하다가 선교를 시작한 지 5년 만에 하나님의 부르심을 받는다.

3대 원장이었던 빈턴은 의료 활동도 중요하지만, 신앙적 전도가 매우 중요하다고 여기는 원장이었다. 전 가족이었던 부인과 두 자녀 모두 잃게 되자 원장을 사임하고 전도 여행을 떠난다. 4대 원장인 애비슨은 모교의 교수직과 개인 병원을 개원한 경험을 가진 의사로 의료인력 양성과 세브란스병원 건립을 주도하여 우리나라 근대의학의 기초를 다진 인물이다.

초대 원장에서부터 4대 원장에 이르기까지 순탄한 원장 교체가 이루어지지 않은 듯하지만, 제중원이 선교와 근대의학의 기반을 다져지는 병원으로 우리나라 근대의학의 기초를 튼실히 하는 선봉으로 되는 과정은 오묘하다. 초대 원장의 정치적 능력에 의한 건립, 2대 원장의 고집스러운 의료 안정, 3대 원장의 선교적 사명 고취, 4대 원장의 체계적 안정에 이르는 과정이 그러하다. 원장의 교체가 개인의 아픔이나 어려움으로 얼룩진 듯하지만, 역경 가운데 역사하신 주님의 신묘막측하신 손길이 그분들을 이끌었고 지금도 그러하다는 마음을 안겨준다.

초기 제중원의 모습

YMCA 설립과 안착의 묘미

세계 YMCA는 산업혁명 이후에 사회에 드리운 암울한 상황을 극복하기 위하여 기독 청년들이 기도와 사회변혁을 위한 운동으로 시작하였다. 오늘날 사회운동단체의 대표 격이 된 적십자 운동도 초기 YMCA의 지도자였던 앙리 듀낭에 의해 시작되었다.

한국 YMCA는 19세기 말과 20세기 초에 망국의 기로에선 조선의 말기에 우리 사회에 이식되어 기독교 정신에 기반한 민족정신의 고취와 계몽운동으로 몰락의 위험에 처한 나라를 구하는 운동의 구심이 되었다.

한국 YMCA의 태동에도 우리나라 최초의 선교사인 언더우드와 아펜젤러의 노력과 활동이 서려 있음도 앞에서 언급하였으나 다시 논하는 내용이 되었다. 배제 학당 내의 협성회가 학생 YMCA로 태동하고 이들과 힘을 합친 150여 명의 젊은이가 한국 YMCA의 발족을 추진하였으나 정부가 민회(民會)를 허락하지 않으므로 무산되었다.

이에 두 선교사가 북미 YMCA에 요청하여 한국 YMCA 설립 간사가 파송되어 와서 1903년 한국 YMCA가 시작되었다. 초기에는 임원과 간부의 대부분이 외국인으로 구성되었으나 해산된 독립협회의 주역들이 대거 YMCA에 참가함으로써 회원 수나 세력이 급성장하고 차츰 한국 지도자 중심으로 자리를 잡게 된다.

그래서인지 한국YMCA는 선교적 활동보다는 민족적 사회운동의 역할이 더 많은 것이 특징이다. 초기 외국인 임원들의 활동도 컸지만, 외국인이 주도하고 대를 이어오던 병원이나 학교와는 다르게 비교적 빨리 한국 지도자들이 중심이 되어 우리 현실에 적합한 여러 가지 성과를 이룩해 내었다.

초기 준비 과정에 한국의 청년들이 주도하였기에 정부의 반대로 무산되고 선교사들이 주도적으로 창설한다. 거의 외국인들이 주도하였으나 한국YMCA가 시작되었다. 선교사가 중심이 되었기에 경험도 있고 정부가 간섭하기 어려운 상황에서 기초를 다지는 과정에 한국인 지도자가 동참한다. 차츰 한국인들이 주도적 역할을 하면서 자연스럽게 한국 지도자가 인도하고 전국적 조직이 형성된 후에 중앙의 중심이 형성되는 묘한 대 이음과 체제가 이루어졌다.

그 무엇보다 괄목할 만한 활동은 3·1운동을 중심으로 하는 독립운동이다. YMCA의 조직이 각급의 학교와 각 지방의 조직화에 더해서 전국적인 구심의 하령회도 안정적인 체계를 갖추었다. 이 조직들이 3·1 독립 만세의 주역으로 전국적인 운동의 확산을 주도한 것이다. 그래서 흔히 3·1 학생 운동이라는 용어를 사용해도 어색하지 않다.

물산장려운동을 비롯한 자각과 자강운동을 주도하고 당시에 국가의 90% 이상을 차지하던 농업과 농민의 계몽운동을 통하여 사회 전반에 영향을 미쳤다. 완전 수탈 체계로 식민지 정책을 확고히 하려는 일본의 계략을 저지하는 정도에 머무르지 않고 민족적 자긍심과 독립 의지를 일깨우는 사회운동의 핵심적 역할을 담당한 것이다.

그러나 이런 엄청난 정통성과 굉장한 영향력을 끼쳤던 YMCA가 조그마한 이견으로 완전히 하나 되지 못하는 모습이 안타깝다. YMCA는 Young Men Christian Association의 약어인데 여기에 있는 Men은 남자만의 복수가 아니라 사람 전체를 가리키는 것이다. YWCA가 YMCA에서 분파된 여성만의 단체로 오해하기 쉬운데 거의 같은 시기에 태동한 완전히 별개의 기독교 여성단체이다.

그렇다면 YMCA는 여성도 참여하고 그에 상응하는 위상을 가져야 하는데 여성 간부의 비율에 대해 이견을 가진 한국 YMCA 지구조직 최초이자 최대의 서울YMCA(창설 당시 황성 YMCA)가 한국YMCA전국연맹에 가입되어 있지 않다고 한다[15].

오늘날 우리 사회에 만연한 기득권을 가졌거나 힘 있는 개체가 전통 조직의 원칙을 어기면서 조직 전체의 기반을 흔드는 모습이 여기에도 나타나는 아쉬움이 있다. 필자가 인터넷에서 얻은 정보이니 확인이 필요하겠지만 이런 모습은 빨리 해결되어야 할 우선 과제이다.

우리나라의 초기 선교사들이 지향하던 에큐메니컬 운동은 교파나 교리를 초월하여 세계가 하나 되는 정신으로 말씀 중심의 자강, 자치, 자전적인 교회와 사회를 위한 씨를 뿌렸다. 부끄럽지만 언급한 앞의 이기적인 모습은 YMCA의 근본정신에 의해 뿌린 씨와는 전혀 다른 모습이고 최초이자 최대의 개체로서 모범을 보여야 함에도 잘못된 시범을 보이는 행태로 일부 대형 교회가 보이는 잘못된 시범의 모습과 다를 바 없다.

───────────────

15) 서울YMCA의 전신인 황성YMCA는 1903년에 선교사들과 외국YMCA의 도움으로 태동한 최초이자 최대인 지역단체로서 2024년 10월 12일 검색된 나무위키에 의하면 이사 및 대의원 구성에서 여성 참여 비율에 대한 이견으로 전국연맹에서 탈퇴한 상태이다.

성경 번역을 위한 이음의 체계성

2024년 10월 12일은 우리나라가 새로운 역사의 반열에 올라서는 기록이 될 날이다. 바로 한국 작가 한강 씨가 아시아 여성으로는 최초이고 아시아권 문학상은 12년 만이며, 한국의 노벨평화상 이후의 24년 만에 노벨문학상 수상 소식이 전해진 것이다.

백범 김구 선생님은 '나의 소원'이라는 수필에서 우리나라가 가장 아름다운 나라가 되기를 원한다고 하시면서 오직 한없이 갖고 싶은 것은 문화의 힘이라고 하셨다. 한류가 세계를 제패하고 있다는 소식이나 주장이 다소 막연한 문화의 힘이라면 노벨문학상의 수상은 문화적 힘을 가진 행복하고 아름다운 나라가 될 가능성이 충분한 나라임을 입증한 것이 아닐까?

호주의 제럴드 머네인과 중국의 찬쉐를 수상자로 전망하기도 해서인지 본인이 수상소감에서 놀랐다는 말을 여러 번 말할 정도였다. 중국의 일부 언론은 자국 작가가 수상하지 못한 데 대한 서운함을 표하면서 '과연 한글로 문학적 작품을 쓸 수 있는가'라고 한글과 한국문학을 비하하는 내용을 전하기도 하였다.

이런 잘못된 선입견과 비난을 제치고 올린 개가는 한글이라는 우수한 자국 언어와 적확한 번역이 뒷받침되지 않으면 어려운 일이다. 한글의 우수성이 세계에 드러나고 문학적 감성이 풍부함을 증명한 것은 한글 성경 번역이 가장 큰 역할을 했다고 해도 과언이 아닐 것이다.

성경은 하나님의 계시와 감동으로 쓰인 것으로 선교지에서 그 진정한 의미와 깊이를 전하기 위해서는 언어적 기본이 튼실하고 번역이 세심해야 한다. 성경이 한글로 번역되던 시기는 선교사가 내한한 1885년을 전후부터 시작하여 1911년에 성경이 완역된 기간이다. 중국과 일본에서 일부 번역이 선행되기도 하였고, 최초의 완역 후에 개역이 진행되기도 하지만 본격적인 번역의 시기를 이 기간으로 보아도 무방할 것이다.

1443년 세종대왕께서 한글을 창제하셨지만 440여 년이 흘러 성경이 번역되던 시기에도 한자의 문화권을 벗어나지 못한 상황이었다. 가장 대중적이라 할 수 있는 신문에서 사용하던 문자를 살펴보면 잘 드러난다. 정부 대변지인 한성순보(한성주보)는 한문을, '시일야방성대곡'으로 유명한 황성신문은 한문을 중심으로 한글을 토씨 정도로 사용하였다. 대한매일신보는 좀 더 대중성을 나타낸 국한문 혼용의 형태를 사용하고 오로지 1896년 4월 7일 발간된 독립신문만이 순한글을 사용하고 영자 판을 별도로 만든 상황이었다. 다시 말해 한글이 우리나라의 중심 문화로 자리 잡지 못한 상황이었다.

이 시기에 한글로 성경을 번역하여 보급하고 교육함으로써 교육받기 어려운 서민층이나 여성들에게 한글 성경은 말씀의 생수이기도 하지만 문화의 젖줄 역할을 하였다. 한글 성경이 한글이 한국문화의 주류로 자리 잡는 중심 역할을 맡았다. 이런 한글 성경의 번역 과정과 체계가 얼마나 성경과 한글의 깊이를 나누기 위해 애썼는지를 보여주고 있다.

성경 번역은 개인역, 수정역, 시험역 본, 개정역 본의 과정을 거친다. 개인역은 한국인 조사와 함께 번역 위원이 1차 번역한 후에 다른 위원의 비판을 수용하여 정리된다. 수정역은 최초 번역 위원이 아닌 다른 번역 위원이 정리하게 된다. 이 수정역을 모든 번역자가 참여하여 한 절씩 토론과 표결로 정리하여 시험역 본이 만들어지고 시험역 본을 발행한 후 3년간 반응과 수정을 거쳐 개정역 본이 완성된다.

1911년에 완역된 한글성경의 모형을
양화진홀의 성경번역역사영상
시작버튼으로 활용

이 모든 과정은 번역 위원과 한국인 조사들이 엄격한 원칙을 준수하며 진행한다. 개인역에 다른 위원의 비판을 수용하는 방법이나 수정역은 최초 번역자가 아닌 다른 번역 위원에 의해 정리되는 것도 더 안정된 이음을 위한 좋은 체계로 여겨진다. 당연히 법률 심의를 하듯 한 절 한 절마다 표결과 심의를 거쳐 시험역 본을 마련하고 청중의 반응과 최종적 수정을 잇대는 절차가 완성도와 무결성을 높이기 위한 절차로 짜여 있음을 알 수 있다.

4. 아픔이 승화된 현장

가족을 하늘나라로 보내고

선교사들은 전혀 겪어보지 못한 기후와 환경 그리고 식·음료를 만나게 된다. 생필품의 일부는 본국으로부터 공급받기도 하지만, 전혀 다른 공기와 물을 포함해서 하수나 배변과 쓰레기 처리 등의 불결한 생활 현장은 피할 수 없다. 외부인이 감당하기 힘든 풍토병이나 전염병은 스스로 조심해도 극복하기 어렵고 단기간에 해결할 수 없는 위협적인 요소였다.

이런 위험은 성인인 선교사들보다는 면역력이 약한 선교사의 자녀들에게는 치명적이었고 같은 성인이라도 여성 선교사나 선교사 여성 가족들도 어린이와 비슷한 상황이었다. 가슴 아프게도 부인을 포함한 전 가족을 잃은 선교사도 자녀를 한꺼번에 잃은 선교사도 있었다. 부인이나 자녀가 먼저 하늘나라로 가면 차라리 자신을 데려가지 왜 이러시냐고 울부짖게 되고 이 아픔이 일평생 동안 가시지 않았을 것이다.

그런가 하면 자신과 자녀를 남겨두고 하늘나라로 떠난 부인의 부재나 남편이 먼저 떠나 여선교사만 홀로 남겨진 경우에도 그 비통한 현실이 너무 아팠을 것이다. 비록 동역자들이 가까이 있다고는 하지만 이국만리에서 친인척 한 명 없는 먹먹한 상황은 모든 것을 내려놓고 귀국해 버리고 싶은 심정이었을 것이다. 남겨진 가족들의 안전도 보장할 수 없으니 그 어떤 결정을 한다고 해도 선교본부는 물론 선교 현장의 누구도 만류하거나 비난할 수 없는 상황이었다.

그러나 극소수를 제외한 많은 선교사는 계속해서 선교지에서 사명을 감당할 것을 결정하고 그 아픔을 더 큰 열정으로 승화하고 잃은 가족을 대신하여 조선인들을 가족으로 품으며 하나님의 이끄심을 체험하는 길을 택했다. 평생을 바쳐서 조선이 하나님의 말씀으로 변화되고 발전하는 길로 인도하고 그것도 모자라 본인도 먼저 간 가족과 함께 조선 땅에 묻혀서 하나님

사랑 안에서 가족 사랑과 이웃 사랑을 실천한 Practopia의 본이
된 것이다.

열매 없음의 아픔

선교사들의 모든 활동이 곧바로 순조롭고 괄목할 만한 성과
로 나타나는 것은 아니다. 온갖 정성을 기울이고 열정을 다해 말
씀을 전해도 열매를 거두지 못해서 답답함을 안고 살아야 하는
현실도 닥쳤다. 핑계나 원망의 마음으로 스스로를 다독여야 하
는 수년의 시간을 보낸 선교사의 마음은 숯덩이 같았을 것이다.

그렇다고 선교본부에서 이들에게 선교 성과가 없음을 질타
하거나 문제로 삼았던 것은 아니었다. 우리나라보다 25년 이상
먼저 개신교 선교가 시작되었던 중국이나 일본의 어려운 선교
실정을 잘 알고 있었음이다. 우리나라에 와서 선교 가능성을 조
사하고 그 길을 열었던 맥레이 선교사도 중국에서 미미한 선교
결실을 경험하고 일본으로 선교지를 옮겼다.

그러나 주님께서는 이런 답답한 마음의 선교사들에게 다시
금 처음 사랑으로 돌아가는 회개의 강을 허락하셨다. 자신의 변
화는 물론 이 땅에 부흥의 불꽃을 피우는 불쏘시개로 사용하셨
다. 열매 맺지 못하는 무능자 같은 고뇌와 아픔을 견디며 이런
아픔을 지난 후에 주실 주님의 손길을 기다렸던 선교사들의 인

내는 '빨리! 빨리'를 외치고 가시적 성공에 집착하는 현대의 우리 삶에 무엇이 필요한지를 속삭이는 듯하다.

선교사들 간의 내부적 갈등

동북아인 중국, 일본, 우리나라의 서양인들에 의한 기독교 선교의 기본 방향은 여러 번 언급되었던 에큐메니컬 운동과 복음주의가 근본이었다. 선교 현장에서는 교파나 파송 국가 간의 다름이나 경쟁이 그리 중요하지 않았다. 그러나 선교의 세부적인 내용이나 진행 과정에서 의견이 달라서 어려움을 겪은 사례가 적지 않았다. 우리나라 정부와의 관계나 일제 치하의 일본과의 관계와 같은 정치적인 문제뿐 아니라 학교나 병원의 운영철학이나 세부 실행에 선교사 간의 내부적 갈등이 있었다.

선교사들의 성장환경도 다르고 교육이나 신앙은 물론 심지어 선교의 방향까지도 개인차와 단체의 방침에 따라 다른 부분이 있을 수밖에 없는 실정이었다. 선교 초기에 알렌, 헤론, 언더우드, 스크랜튼 선교사들은 조선 정부에 대한 대응이나 병원운영과 선교의 방법 등의 문제에서 상당한 이견들이 있어서 어려움을 겪었다.

다행히 아펜젤러는 병원의 운영에 관여하지 않았고 언더우드와 일본에서 만나 동행한 인연이 있어서 큰 줄기인 장로교와 감리교의 교파 간 문제나 교육에 있어서 발생하는 이견은 별로 발생하지 않았다. 주로 병원의 운영이나 선교 상의 위험에 대하여 서로 다른 관점이 있어서 다른 방향을 정하거나 서로 잘 협력하지 못하는 사례가 자주 있었다.

이들 젊고 선교도 초보에 가까운 선교사들 간의 갈등은 헤론의 병세 악화와 끝내 하늘나라로 보내는 과정에서 해소된다. 제중원을 개원하고 초대 원장을 지낸 알렌이 제중원을 떠남으로써 생긴 불화, 유아 소동 이후에 병원이나 선교 운영에 대한 이견 등으로 표출된 대립은 심각했다고 전해진다.

그러나 헤론의 매장지를 정하는 과정에서 보여준 알렌의 적극성, 마지막 임종을 지킨 언더우드와의 화해로 이들의 갈등은 해소된다. 34세인 헤론의 사망이 애달프기는 하지만 더 이해하고 협력하는 선교의 장으로 변화시키는 계기가 되고 선교가 더 넓고 확대되는 전환점으로 삼으시는 은혜도 맛보게 된다.

조선의 변화무쌍한 정치·사회적 환경

우리나라는 19세기 말과 20세기 초의 근대화 시기에는 일본과의 관계에서나 호시탐탐 침략적 야욕을 가졌던 중국이나 러시아와도 직접적인 전쟁을 치르지 않았다. 오히려 우리 땅을 전장으로 청나라와 일본, 러시아와 일본이 전쟁을 치르는 소용돌이를 겪어야 했다.

　그렇다고 총칼로 마주 싸우는 싸움이 전혀 없었던 것도 아니었다, 미국과 영국, 프랑스 등의 서방국들과의 국지전도 발생하였다. 1866년에는 3번의 전투가 발생했고 1871년과 1875년에도 교전이 벌어졌다. 마침내 황후가 시해되고 왕은 러시아대사관으로 피신하는 등의 외교와 사회적 환경이 전쟁과 다를 바 없는 나날이었다.

　이런 혼란 속에서 일본의 정치·외교적 책략에 의해 전쟁조차 치르지 않고 주권을 빼앗기고 말았다. 이렇게 주권을 빼앗긴 후로는 일본의 전장이나 개발 현장에 동원되었으니 차라리 전쟁의 직접 당사자가 되는 것보다 더 치욕적이고 비참한 나날로 얼룩진 시기였다. 가족을 강제로 떠나보내고 생사조차 모르는 나날을 보내는 남은 가족들의 삶도 지옥이나 다를 바 없었다. 이국만리 전쟁터나 일터로 끌려가서 돌아오지 못한 아픔은 아직도 남아있다.

　이런 난세이니 민중봉기가 자주 발생하였고 나라를 강제로 빼앗긴 후에는 국내외에서 독립을 위한 투쟁과 운동이 끊이지 않았다. 침탈의 고삐를 조이는 일본의 압박은 침략과 착취에 머무르지 않고 아예 문화를 말살하려고 한국어 사용금지와 창씨개명을 강제하는 과정은 엄청난 굴종과 혼란이었음이 짐작된다.

전장이 동남아로 확장되고 어려움이 극에 이르자 젊은이를 전쟁에 강제적으로 징용하여 동원하고 물자 생산을 위한 강제 노동 동원, 급기야 여자 정신대 근로령까지 공포하였다. 세계 어떤 전쟁과 침탈에도 찾아보기 드물게 전 국토와 마음을 휘젓고 남녀노소를 불문하는 회오리로 몰아쳤다. 공존이 아니라 식민지화와 우민화 정책으로 말살할 계획을 실행에 옮긴 것이다.

겨우 위기를 벗어나 해방한 지 5년 만에 전 국토가 전쟁의 소용돌이에 다시 휘말리게 된다. 도대체 조선 말기의 혼란, 압제 하의 상황, 해방한 후의 내부 갈등, 곧 이은 전쟁의 아비규환 속에서 선교사들이 어떻게 자신과 가족을 지켜야 하고 이 어려운 사람들에게 어떤 태도와 활동을 해야 할지가 그리 단순하지 않은 혼돈과 갈등의 연속이었음이 분명하다.

이 과정에서 겪어야 했던 위험과 절망을 헤아려 보면 자국민인 우리 자신도 도대체 저런 환경을 어떻게 이겨냈을까? 선조들의 고뇌와 아픔을 생각하면 지금도 가슴이 저려온다. 그런 현장에서 그 환경을 함께 겪으며 희망의 불씨를 피워주고 소망을 안겨주었던 선교사들과 전쟁에 참여한 외국 용사들의 삶과 마음은 어떠했을까? 생각해 보면 그저 먹먹할 뿐이다.

5. 실패와 같은 과정이나 결실과 만남

귀국이나 추방

1885년부터 입국한 선교사들은 기독교 전파 외에 한국의 근대화에 상당한 영향을 미치고 있었다. 각 종파의 선교본부 또는 다양한 선교 지원을 받아 거의 알려지지 않은 미지의 땅 조선을 위해 전 생애를 희생할 각오로 하나님 사랑을 실천하였다. 자국에서 누릴 수 있는 안정과 기득권을 포기한 채 이웃사랑을 펼친 결실이 조금씩 영글어 가고 있었다.

어떤 경로로 왔든 조선에 온 선교사들이 스스로 선교를 포기하고 귀국하는 사례는 극히 미미하였다. 우리나라의 환경에 적응하지 못하여 한국 도착 후 짧은 시간 내에 조기 귀국한 극히 소수의 선교사뿐이었다. 선교를 시작한 후 자신의 건강상 치료를 위해서 귀국하거나 안식년이나 다른 준비를 위해 일시 귀국한 선교사의 대부분은 다시 내한하여 선교를 계속하였다.

침략의 야욕으로 야금야금 계략을 펼치던 일본은 선교사들의 활동에 의한 조선의 변화가 못마땅했다. 직간접적인 여러 가지 방법으로 선교 활동을 축소하거나 회유하려는 정책을 교묘하게 펼쳤다. 마침내 1930년대 말에 전시체제가 형성되고 신사참배 배후에 선교사들이 있다고 주장하면서 '기독교에 대한 지도 방침' 등의 각종 제도를 동원하여 한국 주재 선교사에 대한 통제와 탄압을 시작하였다.

1940년 초에 선교사와 가족을 합친 인원은 400여 명이었으나 1940년 11월에서 1942년 6월까지 일제의 탄압으로 대부분 본국으로 귀국하여야만 했다. 선교사들에게 닥친 위기를 감지한 미국 국무성과 총영사가 미국인들의 철수를 요청하여 1940년 11월에 219명의 미국인이 귀국했다. 이 중에 189명이 선교사와 가족들이었다.

1941년에는 상황이 더욱 악화하여 선교본부에서도 즉각적인 철수를 통보하였고 일부의 선교사들에게 불경죄나 불법을 덮어씌우거나 모임의 주제와 기도를 문제 삼아 기소, 체포, 수감 하는 사례가 늘어났다. 그래서 대다수 선교사가 추방되거나 자진 철수하게 되었다. 태평양전쟁이 발발하자 1941년 10월까지 남아있던 40명의 선교사와 가족들은 적성 국가 국민으로 취급되어 억류되었다가 1942년 6월에 연합국과 일본과의 상호 교환을 위해 일본으로 이송 후 미국으로 강제 추방되었다.

이렇게 선교사들에 대한 퇴출이나 추방으로 선교와 근대화가 중단되거나 단절된 것으로 여겨졌다. 그러나 태평양전쟁이 종식되어 한국은 해방을 맞이하였고 본국으로 돌아갔던 상당수의 선교사와 그 후손들이 해방 이후에 다시 내한하여 그 불은 다시 타오르게 되었다. 이어서 발발한 한국전쟁과 전후 복구 시에 펼쳐진 선교사의 희생과 도움은 오늘의 우리를 만드는 주춧돌 역할을 하였다.

피지 못한 꽃봉오리

386이란 숫자를 우리나라의 근대사를 대변하는 숫자로 다르게 써 본다. 3·1운동의 숭고함, 8·15해방의 기쁨, 6·25의 비극이라 쓰는 마음이 숙연해진다. 이 숭고함, 기쁨, 비극의 밑동에 얼마나 많은 피와 고뇌가 응고되어 있을지 감히 짐작해 보는 것도 조심스럽다. 20세기 초에서 중반까지 불과 50년도 못 되는 기간에 이토록 잊지 못할 깊은 역사의 흔적이 새겨졌다. 당시의 젊은이들이 짊어져야 했던 필사적인 투쟁과 동족상잔의 아픔을 상상하는 것만으로도 가슴이 시리다.

국립묘지에는 나라를 위해 젊음을 바친, 이른바 못다 핀 꽃봉오리의 선현들이 많다. 이 묘역들을 찾는 발걸음이 줄어들고 있다고 한다. 부모 형제의 대를 넘기면 이 묘역을 찾는 발길이 줄어들 수밖에 없지만 씁쓸한 마음이 가시지 않는다. 희생의 의미가 희석되거나 오용되는 모습이 더 가슴을 아린다. 지도자의 길을 시작하며 최초로 방문하는 곳이 이곳인데 그 이후의 걸음들이 이분들의 유지를 제대로 받드는 자기희생이나 나라 사랑의 모습이 아니기 때문이다.

더욱이 나라를 위해서 또는 강제 동원되었다가 이국에서 사망하거나 시신을 찾지 못해서 제대로 안치되지 못한 사무침은 쓰라린 상처로 남겨진 채 세월이 흐르고 있다. 또한 전쟁 중에 행방불명되었으나 그 원인이 밝혀지지 않아 허공의 영령이 된 분들에게 어떤 마음을 모아야 할지 모르는 후손의 무관심과 나약함도 안타까울 뿐이다.

또 우리가 잊지 말아야 할 못다 핀 꽃봉오리들이 있다. 자신의 조국이나 민족을 위해 희생한 것이 아니라 전혀 관련도 없는 나라의 내전에 참여해서 전사하거나 부상해서 젊음과 생을 내준 분들이다. 부산에 있는 전 세계에 유일한 '유엔기념공원'(UNMCK, UN Memorial Cemetery in Korea)이 바로 6·25 동란에서 전사한 이들 참전 유엔군 장병들을 안치한 추모 장소이다.

좀 더 잊지 말아야 할 젊은이들을 생각해 보면, 우리나라 근대역사에 빼놓을 수 없는 선교사역을 감당하다가 채 피우지 못한 꽃봉오리의 모습으로 잠들어 있는 분들이다. 비록 총칼이나 전장에서의 희생이 아니지만, 우리나라를 위해 사랑을 나누다가 20대, 30대의 나이에 이 땅에 묻혀야 했던 분들이다.

"천 개의 생명이 주어진다면 조선을 위해 쓰겠다"는 다짐으로, "자신이 가더라도 조선을 위해 더 선교해 달라"는 부탁으로,

"내 고향이니 내가 지키러 가야 한다"는 재입대의 결단으로 본인의 조국이나 민족이 아닌 우리나라를 위해 자신의 젊음을 다 쓰고 간 선교사와 후예들이 우리의 가슴에 묻어져 있다.

우리나라 근대사로 대변했던 386의 변곡점을 위해 젊음을 바친 순국선열들, 자기 조국도 아닌 다른 나라의 전장에서 전사하거나 부상한 외국의 젊은 군인들, 내한하여 사랑을 나누다 못다 피운 꽃봉오리를 꺾어야 했던 선교사들의 젊은 죽음이 그때 당시에는 애달픈 아쉬움이었다.

그러나 그들의 희생과 사랑은 우리 삶의 얼개로 오늘을 함께 살아간다. 그 숭고함, 기쁨, 애달픔을 가슴에 새기고 열린 마음으로 내일을 엮어가라고 속삭이면서….

색다른 곳에서 만개한 꽃

젊은 꽃봉오리와 같은 20대나 30대 선교사들의 예기치 못한 사망은 선교사 가족이나 다른 선교사뿐 아니라 선교본부와 이 땅의 사람들에게도 충격이었다. 얼마나 애달프고 허망하고 원망하는 마음이 치밀게 하는 이별이었을지 짐작이 간다. 하나님께 이들의 열정적이고 순종적이며 숭고하기까지 한 생을 이렇게 허무하게 마감하게 하신 이유가 무엇이냐고 묻고 항변하고 싶은 마음이 짐작이 간다.

그러나 주님은 이 선교사들의 조선 사랑의 결실을 전혀 다른 곳에서 더 만발한 꽃밭으로 만드셔서 조선의 선교를 이어가게 하심을 알게 하신다. 정말 한국인보다 한국을 더 사랑한 젊은 선교사 3명의 삶을 조망하는 것이 그 어떤 소설보다 어떤 간증보다 하나님의 뜻하심을 느끼게 해 준다.

켄드릭(Lubye Rachael Kendrick) 선교사의 묘비에는 두루 말이 모양의 디자인 위에 "만약 내게 줄 수 있는 천 개의 생명이 주어진다면 모두 조선을 위해 쓰겠다"고 새겨져 있다. 켄드릭이 내한하자마자 여러 가지 선교 활동에 열정적으로 헌신하였으나 25세의 젊은 나이에 과로로 사망하였다. 그녀가 부모와 자신을 후원해 준 선교단체에 편지를 보내면서 쓴 마음의 표현이 묘비에 새겨졌다.

그녀는 조선과 조선인을 사랑해서 천 개의 생명까지 버릴 수 있는 각오를 하였지만, 정작 선교의 결실을 거두지 못하고 자신도 선교의 나무도 꽃봉오리 진 모습으로 마무리된 듯하다. 그렇지만 이 편지를 접한 단체와 젊은이들이 선교사로 지원하고 더 많은 기도와 기금으로 선교를 도왔고 남겨진 조선의 젊은이들도 그녀가 뿌린 씨의 결실로 성장했음이 분명하다.

제중원의 2대 원장이었던 헤론은 자기의 몸을 돌보지 않고 의료 선교에 열중하다 병을 얻었다. 임종을 앞두고 자기의 부인에게 "이 나라에 할 일이 많으니 내가 떠나더라도 조선에 남아더 선교해달라"는 부탁을 하며 34세에 생을 마감했다. 임종을 지키던 다른 선교사들이 여러 이유로 선교의 어려움에 부딪혀 지쳐있고 헤론의 소천에 아쉬워하던 상황이었다. 이 유언을 듣는 선교사들에게 화해와 새로운 힘을 주는 선물의 순간이었다.

앞에서 자세히 언급된 윌리엄 해밀턴 쇼는 미 해군에 재입대하면서 가족들에게 "내 고향에 전쟁이 났으니 내가 지키러 가야한다. 지금 외면하고 박사가 된 후에 선교사로 가는 것이 무슨의미가 있느냐"는 말을 남겼다. 그와 전쟁에 동참한 한국 군인들이나 그의 숭고함이 새겨진 동상 앞에 서는 사람들의 마음에 얼마나 멋지고 화려한 꽃이 피었을지 상상해 볼 수 있다.

천 개의 생이 주어진다면 조선을 위해 쓰겠다는 캔드릭묘비와 탁본

이 훌륭한 모습의 외국인과 우리의 애국심 깊은 선조들이 이 나라에 승리를 안겨주었다. 그리고 그 이후에 떨치고 일어나 오늘의 우리 사회를 이룩해 냈다. 최근 설문 조사에 따르면, 전쟁이 나면 참전하겠냐는 질문에 젊은이들 열 명 중 한 명만이 "그렇게 하겠다"고 답했다.[16] 우리 자신이나 나라를 사랑하지 못하는 마음에 이분들의 이야기를 새롭게 새겨보자고 외치고 싶다.

6. 낯선 만남 후의 데칼코마니 같은 여정

자신의 계획과 다른 선교의 시작

우리나라 개신교 선교의 시작일인 1885년 4월 5일 그해의 부활주일에 정식으로 선교본부의 파송을 받아 내한하여 선교를 시작한 장로교 선교사 언더우드와 감리교 선교사 아펜젤러가 제물포에 도착하였다. 이렇게 시작된 이 두 선교사의 선교 행보가 너무도 닮아있음을 보게 된다. 내한하기 이전의 선교 시작에서부터 마지막 생을 마감하는 모습에도 닮음이 이어진다.

---

16) 2023년 범국민 안보의식 조사 결과 13.9%만이 전쟁이 나면 전투에 참여하겠다고 답했다.

두 선교사 모두가 선교를 결심하고 선교 대상으로 준비하던 국가는 조선이 아니었다. 언더우드는 인도, 아펜젤러는 일본(인도)[17]이었으나 하나님의 인도는 조선이었다. 물론 이분들이 동일한 선교 준비 과정을 거치지 않았지만 묘한 닮음은 선교의 준비 과정에서부터 선교지를 조선으로 변경하여 시작하는 데서 시작된다.

미국의 백인들 대부분이 유럽에서 이주해 간 이민자이니 두 선교사도 언더우드는 영국, 아펜젤러는 독일계 스위스 이민가정에서 태어났다. 언더우드가 1859년생, 아펜젤러가 1858년생이니 출생의 환경도 나이도 비슷하다. 에큐메니컬 선교의 관점에서는 그리 큰 차이나 주목할 만한 큰 사안이 아닐 수 있지만, 현재 우리나라의 가장 큰 교파인 장로교와 감리교의 기틀을 세운 두 선교사가 정통적 장로교회와 감리교회 출신이 아니라는 점도 닮아있는 아이러니이다.

언더우드는 개혁교회 교인으로서 네덜란드 개혁교회에서 목사 안수를 받았다. 조선을 선교지로 결심한 후에 개혁교회 본부와 북 장로회 선교부에 조선 선교청원서를 냈으나 여러 여건으

---

17) 조선 선교를 준비하던 친구인 위즈워드(J.S. Wadsworth)가 개인 사정으로 포기하자 아펜젤러가 조선행을 결정하였다. 그러나 일부의 자료들에서 인도행을 준비했다는 기록도 있다.

로 허락받지 못했다. 그러다가 뉴욕의 개혁교회로부터 담임목사로 청빙을 받았으나 미국 북 장로교의 파송이 허락되자 청빙을 거절하고 내한하여 우리나라 장로교의 초석을 놓았다.

아펜젤러도 장로교 가문의 자녀로 장로교회에서 신앙 생활하다가 선교를 떠나기 불과 5년 전에 감리 교인이 되었다. 그 후에 감리교 신학교인 드류신학교를 졸업하고 북 감리교의 파송을 받아 임신한 아내와 함께 내한하여 감리교의 기틀을 세웠다. 일본에서 만나서 함께 내한하여 장로교와 감리교의 터를 닦게 하신 주님의 인도하심은 인간의 관점에서 예측조차 불가함을 알게 한다.

닮아있는 선교 여정

두 선교사가 각기 다른 교파의 원칙과 지원으로 조선의 선교를 시작하였으나 선교의 여정이 거의 같을 정도로 닮아있다. 각각 장로교와 감리교의 최초 교회를 세웠고 인재 양성을 위해 학교를 설립하였다. 성경 번역과 YMCA 출범의 주역으로도 함께 활동하였다. 젊은이들에게 꿈과 희망을 심어 근대 사회와 정치에 영향을 끼친 것은 너무도 잘 알려져서 몇 차례 언급되었다.

이들의 선교적 여정에서 볼 수 있는 또 다른 닮음은 가교적 역할과 밑가지로서의 삶이다. 언더우드 선교사가 미국과 캐나다에서 조선 선교를 독려하고 선교 활동에 후원을 많이 했다는 것은 잘 알려져 있다. 이 선교 독려로 조선행을 택한 대표적 선교사가 애비슨과 레이놀즈이다. 언더우드 선교사는 초기에 교회와 학교의 설립 외에도 성경 번역과 한국인 의료인양성에 직접 참여하였다. 그런데 한글 성경 완역의 주역으로 레이놀즈 선교사가 자리하고 한국 근대의학과 의료인력 양성의 기초를 다진 대표적 인물로 애비슨이 되는 가교적 역할을 잘 감당한 것이다.

우리에게 '한국인보다 한국을 더 사랑한 선교사'로 알려진 헐버트 선교사는 육영공원의 교사로 내한하였다가 육영공원이 축소되자 미국으로 귀국하고 말았다. 아펜젤러 선교사의 설득에 따라 목사안수를 받고 재입국하게 된 할버트 선교사는 한국의 훈장을 2개나 받는 입지전적인 인물이 되었다. 헐버트가 YMCA의 초대 회장과 독립신문 창간의 주역이 되어 한국 사랑과 한국어 사랑의 대표적 인물이 된 것은 아펜젤러가 이런 일들의 밑가지가 되어 주었기에 가능한 결과였다.

예측하지 못한 죽음과 사후의 의미

조선을 위해 온몸과 마음을 바친 두 선교사는 생의 가장 귀중한 기간을 선교에 사용하였다. 그러나 한 분은 시신을 찾지 못해서 한 분은 본국에서 사망해서 이 땅에 묻히지 못하는 생을 마감하였다. 아펜젤러 선교사는 선교 17년 만인 44세에 '성경번역위원회'에 참여하기 위한 출장 중에 배 충돌사고로 순직했다. 언더우드는 좀 더 긴 시간 동안 선교하였으나 과로로 병을 얻어서 미국에 귀국하여 치료하다가 57세에 하나님의 부르심을 받았다.

아펜젤러의 아들 헨리 닷지 아펜젤러는 아버지를 이어 우리나라 선교사로 일하였는데 미국에서 임종 전에 "자신을 한국 땅에 묻어서 아버지가 조선을 얼마나 사랑했는지 알 수 있도록 해달라"는 유언을 남겼기에 양화진에 안장되었고 그 묘역에 아펜젤러 선교사의 기념비가 세워졌다.

언더우드 선교사의 사후에도 한국에서 선교를 계속하던 부인인 호튼 선교사가 1921년에 세상을 떠나 양화진에 먼저 안장되고 언더우드 선교사는 1999년에 유골로 내한하여 양화진으로 돌아왔다.

두 선교사의 마지막 모습이 우리의 고개를 더욱 숙이게 한다. 아펜젤러 선교사는 자신은 충분히 살 수 있는 환경에서 다른 사람을 구하다가 생을 마감하였다. 언더우드 선교사는 귀국하여 과로로 얻은 병을 치료하는 중에도 자신의 병보다도 한국에서 진행하던 선교사업의 근황에 더 궁금해하며 한시바삐 한국에 돌아갈 마음으로 가득 찬 채 하늘나라로 떠났다.

이들의 사망은 그때 그 당시에는 청천벽력 같고 믿기지 않는 일이었다. 이들과 함께 선교하던 선교사들에게는 물론 가족들, 특히 한국에서 태어나 미국에서 학업 중이던 아펜젤러의 10대의 딸과 아들에게는 더 애석하고 이해하기 힘든 상황이었을 것이다. 그러나 이분들의 떠남은 그저 아쉬움과 상처로만 남지 않고 기림과 뒤따름으로 채움과 새로움으로 승화되었고 오늘 우리에게도 큰 영향을 미치고 있음은 부인할 수 없다.

최초의 선교사 장로교 언더우드와 김리교 아펜젤러

지금 우리나라의 종교적 사회적 기틀을 세워준 이 두 분의 닮은 듯 다름의 삶의 여정은 하나님께서 주신 자유를 하나님 사랑과 사람 사랑을 위해 주님 안에서 온전히 사용한 모습을 보여주었다. 우리 모두의 가슴에 감사함과 뒤따름의 결단을 나누기에 충분하다. 그러나 오늘날 우리 교계에서 이 자유함을 자신의 기회로 삼고 종의 멍에를 메는 모습이 나타나서 안타깝다. 그런 모습이 나타나는 것도 그러하지만 그런 모습을 보고 침묵하는 우리는 이분들의 신앙과 얼을 이을 자격이나 마음이 있는지 생각해 보면 부끄러움이 더해진다.

3. 전혀 다른 성숙 그리고 과제

1. 글로벌 시티즌십(Global Citizenship)

세계적 과제

전 세계가 기후 환경의 문제로 몸살을 앓고 있다. 우리나라도 예외가 아니다. 체온보다 높은 기온이 계속되고 단풍이 들지 못하고 혹한은 삶을 에이며 괴롭힌다. 이것들은 지구 온난화로 인해 일어나는 현상이다. 우리의 현상은 이제 시작하는 정도이다. 해수면이 높아지면서 영토가 사라져서 국가의 존폐가 달린 나라도 있다. 태풍이나 토네이도에 할퀸 처참한 현장, 산불이 꺼지지 않아 송두리째 사라져 버린 마을, 홍수에 가뭄에 재해란 재해는 다 밀려들고 있다.

물이 없거나 식량이 없어서 10억의 인구가 아사의 상황에 놓여 있다는 매스컴의 외침이 있으나 우리의 생활 속에서는 위기 의식이나 그에 따르는 변화는 거의 없다. 물 부족국이라 하지만 나는 물을 흥청망청 쓰고, 엄청난 재해 소식과 전력 잔량 위기의 외침에도 에어컨이 없으면 못사는 우리이다.

기술 발달은 모두 에너지를 먹는 하마의 상황을 만드는데도 그저 열광하고 있다. AI, Big Data, TR, Robotics, 전기차 등 떠들썩한 것들이 엄청난 전기를 요구하고 청정환경에 역행하는 요소가 많은데도 아는지 모르는지 그저 달려 나가고 있다.

세계가 극악의 환경 재해를 막기 위해서 파리협약을 체결하고 각국이 스스로 감축 목표를 정하고 지키자고 약속하였으나 협약을 주도했던 미국이 자국의 이익을 위해서 탈퇴하는 해프닝이 벌어지기도 했다.[18] 환경파괴의 주범이 탄소인데 이 탄소 배출이 가장 많은 영역이 발전소이다. 특히 석탄 발전은 가장 많은 탄소를 배출하는 기술이다. 그러나 동남아나 아프리카의 여러 나라는 석탄발전소 건립을 계속하고 있다. 가장 생산비용이 적은 까닭이다.

기후변화의 원인이 되는 탄소배출의 결과는 배출하는 나라나 지역에만 영향을 미치는 것이 아니라 전 세계에 영향을 미친다. 그래서 세계가 하나의 마음으로 나아가야 한다. 여기에 더해서 경제와 기술 등이 거미줄처럼 얽혀 있어서 어느 한 국가나 지역의 문제가 순식간에 전 세계의 문제로 번지고 만다. 코로나 팬데믹에 세계는 멈추는 듯했다. 모기지 론(Mortgage loan)에 의한 경제 쇼크나 지구 한 편의 전쟁은 한 두 나라나 당사국에만 영향을 미치는 것 같으나 금방 세계적 위기로 바뀌는 것을 뼈아프게 경험하였다.

---

18) 2015년 195개국이 협약에 서명하였고 이를 주도한 미국이지만 트럼프 행정부에 의해 탈퇴하였다가 바이든 행정부에 의해서 재가입하였다.

개별 국가나 지역의 특수성이 작용하기는 하지만 전 세계가 하나로 묶여 있음을 알 수 있다. 물론 어떤 위기가 오면 거리상의 문제나 준비성의 선후에 따라 미치는 영향이나 속도의 차이가 있긴 하겠지만 궁극적으로는 세계의 위기로 전파되고 만다. 그래서 여러 국가가 각종 위원회나 협약을 통해서 이런 문제를 예방하려는 움직임이 활발하다. 바로 오늘날의 세계는 Global World로 인식되고 협력해야 함을 서로 잘 알기 때문이다.

글로벌 시티즌십의 의미

Global World에 사는 사람은 Global Citizen이다. 전 세계가 하나의 세상이면 세계의 모든 사람은 같은 시민으로 살아가야 한다. 어느 한 곳의 작은 움직임은 나비효과를 일으켜서 세계의 일로 번진다는 것을 인식해야 한다는 의미이다.

우리가 시민 정신이라는 말로 개인이 지켜야 하는 사회적 규범을 논한다. 사회의 안정과 질서를 위해서 법을 제정하여 가장 기본이 되는 규범을 어기는 사람을 강제로 제어하는 제도도 가지고 있다. 사람, 단체, 국가들이 서로 교류하거나 교환하는 원칙을 합의해 나가며 협력하는 것도 이런 세계적 시민 정신과 질서를 지키기 위한 공개된 원칙일 수 있다.

그러나 무엇보다 중요한 것은 이런 세계의 한 민족주의적 정신을 무너뜨리는 경향이 나타나는 것이 문제이다. 국수주의적 국가 운영이나 배타적 인종주의와 종교의 자유를 말살하는 등의 세계가 하나 되는데 방해가 되는 것들이 자주 발생하곤 한다. 후진국의 어쩔 수 없는 결정이 아니라 중진국 이상의 나라에서 발생하는 이런 문제들이 나아가서 세계를 하나로 묶는 걸림돌이 되는 것이다.

사회 전체적인 분위기를 좌우하는 것은 개개인의 내면에 있는 시민의식이다. 이 시민의식을 고취하기 위하여 교육이나 정책을 펼쳐야 하고 서로 협력하고 함께 나아가야만 세계는 같은 시민의 위상으로 살아갈 수 있다. 우리나라는 외국과의 무역에 의한 의존도가 높다. 더욱 세계적 시민의식을 가지지 않으면 살아남기 어려운 지리와 경제의 환경에 있음을 명심해야 한다.

글로벌 시티즌 리더십의 선교 모범

우리의 근대화와 현대화의 과정은 매우 험난하였다. 19세기 말은 강대국들이 미개발 국가를 향해 강제로 개방을 요구하거나 식민지화함으로써 자국의 부강과 영향력을 키우던 시기였다. 우리의 인접 국가인 일본, 중국, 러시아는 물론이고 미국을 비롯한 서방국들도 강제 개방이나 식민지화를 위한 전쟁이나 밀약으로 우리나라를 호시탐탐 노리고 있었다. 이 모든 나라가 채찍과 당근으로 접근했음은 당연한 일이다.

강대국들이 약소국을 개방하거나 점령해서 자원약탈이나 무역 시장 개척의 야욕을 펼치면서 온갖 수단과 방법을 가리지 않는 모습이 전 세계에 만연하였다. 우리나라에서도 쇄국정책으로 문을 잠그기도 하고 외세를 이용하여 정권을 차지하려는 등 정치와 외교적으로 매우 복잡한 혼란이 꽤 오래 지속되었다.

이런 소용돌이 속에서 근대화를 희망하는 정부가 교육과 의료를 중심으로 한 부분적인 선교 활동을 허용하였다. 물론 지도층의 우려와 염려가 해소되지 않았고 백성들도 침략야욕을 드러내는 나라들의 처신과 별로 다르지 않을 것이라 의구심을 가지는 상황이었다. 그러나 선교사들이 보여준 진정한 나눔과 희생은 이런 우려를 불식하였다. 단순히 선교를 위해 말씀을 전파하는데 머무르지 않고 우리 민족의 아픔과 문제를 함께 앓으며 해결하려 한 것이다.

이 선교사들은 하늘나라의 시민의식이 분명하였기에 그 대상이 모두 동등한 사람으로서 민족과 국가를 사랑하는 올곧은 하나님의 자녀가 되게 가르치고 나누었다. 자기 자신의 영달이나 안정된 미래를 위해서가 아니라 하나님 나라의 확장을 위해 진솔한 삶으로 낯선 사람에게 다가서는 시민의식이 진정한 World Citizenship이었고 먼저 실천한 Leadership이었음이 선명히 드러난다.

2. 현존하는 미래

진정한 지도자의 모습

오늘날의 시장은 롱테일의 법칙(Long tail Principle)이 주를 이루는 듯한 네트워크나 플랫폼의 경제라 해도 과언이 아니다. 그러나 이런 시장의 내면을 들여다보면 파레토의 법칙(Pareto Principle)[19], 즉 상위 또는 중심의 20%가 나머지 80%의 영향력이나 결과를 초월하거나 대등한 것을 볼 수 있다. 어떤 단체의 운영이 중심이 되는 지도층의 리더십이 어떠하냐에 따라 달라지는 것을 부인할 수 없다.

필자는 지도자가 되는 우선의 덕목은 가장 먼저 단체가 처한 현상을 정확하게 판단하는 능력이다. 다음으로 진단 결과에 합당한 해결과 미래 방향의 처방을 제시해야 한다. 마지막으로 함께 실행하는 것이다. 즉, 지도자는 현실의 문제를 넘어 펼쳐질

---

19) 이탈리아 경제학자 빌프레도 파레토가 1896년 논문에서 발표한 연구 결과로써 이탈리아 20%의 인구가 80%의 땅을 차지하고 있다는 논리이다. 롱테일은 반대로 80%의 중요성을 주장하는 논리이다.

미래를 확신하고 그에 적합한 진단과 처방을 제시하고 신뢰를 바탕으로 함께 나아가는 사람이어야 한다.

이재철 목사님은 '비전의 사람'에서 Vision, Dream, Ambition에 대해 세밀하게 정의하였다. Vision은 눈에 보이지 않는 것을 볼 수 있는 통찰력을 가진 사람이 삶으로 그것을 향해 정진하고 과실을 공유하는 것이고, Dream은 미국에서 Vision과 같은 의미로 쓰이기도 하지만, 막연한 기대만으로 정확한 행동이 뒷받침되지 않는 경향이 있는 것이며, Ambition은 일종의 야망으로 욕망 중심의 바람으로 성취가 타인을 누르거나 해악을 주는 경우가 있는 것으로 구분하였다.

그러면서 크리스천 목회자와 젊은이는 비전의 사람이 되어야 한다고 강조하고 있다. 목회자와 크리스천 젊은이, 청년이 Vision을 가지면 '현존하는 미래'의 모습을 보일 수 있다고 기대와 부탁을 나누었다. 현재를 살아가는 기성 목회자와 기성세대들도 젊은 시절에는 미래였다. 미래를 책임질 사람들이 어떤 미래를 볼 것인가는 그 전에 현존하는 미래였던 이들이 어떤 삶을 보이는지도 중요한 요소이다. 먼저 미래였던 선각자들이 현실에서 어떤 지도자의 모습을 보이느냐가 매우 중요하다는 의미를 내포하고 있다는 생각이 든다.

우리나라에서 선교를 펼쳤던 선교사들도 아주 젊은 미래들이었다. 이들은 이국만리에 와서 어떤 꿈을 꾸는 젊은이들이었을까를 깊이 생각하게 한다. 이들이 펼쳐 보인 삶이 그 당시의 교인들에게 현존하는 미래로 아니 상상하는 미래로 자리 잡았을 것이라 짐작해 본다. 분명한 Vision을 가졌기에 자신의 모든 것, 즉 자신의 생명과 가족 그리고 자신의 미래를 송두리째 한국인들을 위해 쓰며 그 펼쳐질 세상과 하늘의 상급을 고대하는 모습이 바로 현존하는 미래이자 이루어질 미래의 모습이지 않았을까?

선교적 삶의 과실

천주교의 신부나 수녀와는 다르게 선교사들은 가정을 이루어 사는 삶이다. 선교의 가정을 꾸려나가는 것은 가족을 부양하며 선교 사명에 이어 가계의 미래를 개척해야 하는 책임도 함께 주어진다. 이것은 하나님의 이끄심에 완전히 맡기는 기본이 없으면 불가능하다. 자신의 가정만을 돌보는 삶의 무게가 그리 가볍지 않다. 물론 가정이라는 것이 단순한 인간관계와는 비교할 수 없는 사랑의 끈이 매여져 있기에 그 무게를 감당할 수 있음은 모르는 바가 아니다.

전혀 알지 못하고 누구도 가르쳐 줄 수도 없는 색다른 환경에서 자신이나 가족이 안정적이고 원활한 생활을 유지하고 맡겨진 선교의 사명도 감당하는 것이 위기와 희생의 연속이었음이 짐작된다. 언어와 생활 습관도 전혀 다르고 사고의 방법이나 이해도도 같지 않은 낯선 지구촌의 한 곳에서 자기 사랑, 가족 사랑, 이웃 사랑을 실천하는 것이다.

자연의 안온한 나눔은커녕 전혀 경험해 보지 못한 나쁜 환경에 유행병까지 창궐하여 죽음조차 무릅써야 하는 현장이었다. 이런 상황에서 자신이나 가족의 목숨보다 현지인들의 생명과 미래를 바라보는 이타적인 마음가짐이나 기질이 강하여야 이런 삶의 여정을 선택하고 유지할 수 있었을 것이다.

아마도 이런 마음이 단순히 성향이나 기질에 근거한 것이 아니라 주님이 주신 이끄심의 길이었기에 가능하지 않았을까? 하는 생각을 해본다. 또한 어떤 어려움이 닥쳐도 이 시련을 넘어 이루어 가시는 손길에 대한 강한 믿음도 출발점에서 필요했을 것이다. 모든 과정에서 순조로운 성취감만 있을 수 없고 온갖 반대와 어려움이 닥치기도 한다. 앞에서 여러 번 언급되었던 자신보다 자녀를 먼저 보내거나 한 몸이 된 배우자를 보내야 하는 극한의 아픔은 원망과 좌절 그 자체였을 것이다.

이런 고난도 선교사들의 삶을 갉아 먹지 못했다. 쓸쓸함, 상실감, 외로움, 좌절감 그 어떤 것이 없었겠는가? 현대의 우리에게 닥친 자신과 사회의 모든 문제, 각각의 찌름을 모든 합친 만큼의 고난과 절망이 그들을 막아섰을 것이다. 온 가족을 한꺼번에 보낸 충격을 이기기 위해서 가족을 묻은 땅을 떠나 선교지를 옮기거나 아예 전혀 다른 방향을 선택하기도 하였다. 선교 자체를 포기하지 않았어도 그 아픔이 어떠했는지를 짐작하게 한다.

그러나 그들은 이 늪을 건너서 선교의 사명에 충실했다. 이렇게 겪지 않아도 될 아픔과 절망을 감내하고 나아가서 그 소용돌이 속에서도 다른 사람들을 위해 기도하고 이겨내는 모습이 절망과 숙명에 익숙한 현지인들에게 가지고 싶은 미래의 모습으로 다가오지 않았을까? 인간의 희로애락이 다 드러나기 마련인데 도대체 무엇이 저들을 저렇게 붙들어 그 아픔의 굴레를 이겨내고 소망을 나누는 걸까? 이런 질문과 감탄을 품은 이들이 익숙한 가난과 아픔을 치유하는 데 그치지 않고 그 영혼까지 쉼과 소망을 얻었던 기쁨의 크기를 짐작해 볼 수 있다.

신앙생활의 메아리

이 선교의 신앙을 이어받은 우리의 현실은 어떠한가? 열심히 달려와서 세계 경제의 10위권 내외를 넘나들고 있지만, 행복지수는 매우 낮은 나라로 유명하다. 유명세를 유지하는 것 중에는 자랑스러운 것들도 많다. 문맹률이 낮은 나라, 여성 대학 진학률이 남성보다 높은 나라, 후진국에서 안정적으로 경제와 민주화를 이룬 나라 등 흐뭇한 것들이다.

그런데 왜 이렇게 행복 지수가 낮은 것일까? 빨리, 빨리의 후유증인가? 냄비 근성의 현실인가? 우리가 가진 마지막 동력인가? 경제발전에 걸맞은 사회 문화적 성장이 느린 탓인가? 정말 심각하게 고민해야 할 과제이다.

가난한 나라이지만 행복 지수가 높은 나라를 주목해 보자. 경제발전보다 국민의 행복과 환경보호에 우선하는 정책, 아름다운 자연 속에서 서로 돕고 함께하는 사람들이 행복하다는 것이다. 잘사는 나라 중에서 행복 지수가 높은 나라들은 여기에 Noblesse Oblige가 기반이 된 경제적 사회적 안전망이 촘촘히 구축되어 있음이 더해진다. 결국 행복 지수는 이기심보다는 함께하는 이타심이 있어야 높아질 수 있다. 삶에서 얻는 행복이나 기쁨의 근원이 무엇인지를 생각해 보게 한다.

우리나라의 종교분포 비율에서 보면, 무교 51% 다음으로 기독교가 20%(최대 분포 기준)[20]로 가장 많다. 다음으로 불교가 17%, 천주교가 11%의 분포를 나타낸다. 불교도 전래종교이지만 1000년 이상 된 종교적 뿌리를 감안하면 근대에 전래된 기

---

20) 문화관광부가 2023년 말을 기준으로 조사한 종교별 분포는 개신교(20%), 불교(17%), 천주교(11%), 기타(미미), 무교(51%)로 나타난다.

독교와 천주교가 37%라는 막강한 종교분포를 가진 나라이다. 즉, 선교가 성공적으로 이루어져 외형은 잘 갖추어진 사회로 여겨진다.

그런데 왜 풍요 속의 불행을 느끼는가? 이타심 깊은 선교를 받은 우리가 그 얼을 제대로 잇지 못해서 오늘의 불행한 사회를 만들고 있지는 않은지 심각하게 반성해야 한다. 당연히 하나님 사랑, 사람 사랑을 기본으로 하는 신앙의 뿌리를 가지고 있다. 하나님을 배우고 선교의 얼을 이어받은 사람들만 올바로 산다면 우리나라는 충분히 행복한 나라가 될 수 있을 것이다. 그저 무늬만 갖지 않고 삶의 행복을 함께 나누는 참 신앙인의 모습으로….

3. 노예해방과 견줄 백정해방운동의 교훈

백정은 누구였나?

조선 시대를 꿰뚫는 최저층의 이름이 백정으로 알려져 있다. 그러나 우리가 알고 있는 백정의 역사를 거슬러 올라가 보면 좀 더 다른 의미들을 발견하게 된다. 고려 시대의 백정과 조선 시대의 백정은 전혀 다르다. 고려 시대에는 국가를 위해서 군인이나 향리 등의 직역을 부담한 정호(丁戶)에 포함되지 않은 농업에 종사하던 백성을 백정(白丁)이라 하였다. 즉, 농업에 종사하는 일반적인 백성 중의 한 부류였다.

조선 초기에 국가에 의무를 부담하는 백성의 수를 늘리기 위한 정책을 펼쳤다. 그중의 하나가 신백정(新白丁) 제도였다. 주된 산업인 농업에 종사하지 않고 목축이나 도축 또는 화척으로 떠도는 무리에게 정(丁)을 부담시키기 위해서 정착하게 하고 농사를 짓게 하려고 신백정(新白丁)이라 칭하였다.

그러나 이들은 유목민의 성향을 띤 여진족이나 말갈족이 중심이 된 무리로 고려 시대에 우리 사회에 유입된 것으로 보인다. 초기 선교사들의 보고에 따르면 조선인과 체격이나 생김새가 다른 무리가 있었다는 것을 알 수 있는데 이들이 아닌가 짐작해 볼 수 있다.

이들은 조선 초기 지도자들의 정책으로 신백정이 되었으나 정주와 농업종사에 익숙하지 못하여 유목 생활로 유랑하며 도축도 하고 광대 노릇도 하였기에 사회적 문제를 일으키는 무리로 여겨졌다. 세종대에 와서는 신백정 제도가 없어지고 이들이 백정이라는 이름으로 불리게 됨으로써 오늘날 우리가 인식하고 있는 최 천민층의 대명사인 백정이 되었다.

백정을 향한 진정한 사랑 운동

왜 갑자기 백정을 논하는지 궁금하게 여길 수 있다. 위에서 언급하였듯이 백정들은 옷매무새도 제대로 갖추지 않았고 부랑자와 같은 삶을 영위하는 존재였다. 그런데 이들의 삶을 변화시키는 일에 무어(Moore, Samuel Forman) 선교사가 뛰어들었다.

거리 전도도 하고 불우 청소년을 모아 가르치다가 곤당골에 교회와 학교를 세우게 되었는데 이 교회가 새문안교회에 이은 2번째의 장로교 교회이다. 무어 선교사는 곤당골 학교에 다니던 백정 자녀를 통하여 장티푸스에 걸린 박성춘을 만나게 된다. 이웃 백정들도 전염되는 것이 두려워 방치하는 상황에서 왕의 주치의인 애비슨 선교사의 치료로 병을 낫게 해 준 것이 백정 해방운동과 선교의 출발점이 되었다.

조선 최하층민 백정을 묘사한 백정정육점 로고. naver.com 백정 이미지 그림파일(2025.1.16.)

무어와 애비슨의 백정에 대한 배려는 사람 취급도 받지 못하던 백정 박성춘의 아들 박서양이 의사가 되고, 많은 수의 백정이 회심하여 새로운 삶을 선물 받는 계기가 되었다. 1894년 갑오경장 때는 두 선교사는 함께 백정들의 신분 제한 철폐 및 권리 보장을 요구하여 천명을 받아 내는 백정해방의 선도자가 되었다.

마르다 헌드리(Martha Huntley) 선교사는 선교보고서에서 "무어 선교사의 백정해방운동은 에이브러햄 링컨의 노예해방과 맞먹는 세계를 뒤집어 놓은 사건"이라고 평가하였다. 오늘날 우리 사회에 누구의 후손이라 하는 족보나 가문의 이야기가 남아 있지만, 백정의 후예라는 인식이나 용어조차 사라져 버린 것은 이 운동의 의미를 더 크게 느끼게 한다.

지금, 백정은 없는가?

지금 우리가 왜 백정을 생각해야 하는가? 이 백정이라고 칭함을 받은 무리가 조선인보다 키도 크고 외형도 남달랐다는 이야기에 근거해서 짐작해 보면 다문화 민족으로 우리나라의 한 민족으로 스며든 것이 아닌가 짐작해 본다. 이른바 다른 나라의 민족이 우리와 함께 살게 된 다문화 민족의 효시라고 볼 수도 있겠다.

우리나라의 다문화 민족으로 여겨지는 부류 중에는 우리의 혈족들인데 다른 문화권에 있었던 탈북민이나 조선족 등도 우리와 다른 문화를 가지고 있어서 다문화 권으로 분류된다. 그 외에 다른 나라의 민족들이 다양하다. 백인이나 흑인과 같이 서양인도 소수가 있고 동남아인이 증가하고 일부의 일본과 중국인들도 있다.

우리는 아직도 다문화 정책이 용광로 이론의 기조를 유지하고 있다. 즉, 다문화 민족이 한국인이 되기 위해서는 한국의 용광로 속으로 녹아들어야 하는 분위기이다. 한편 미국은 이런 정책이 어려움에 봉착하자 샐러드 볼 정책, 즉 다양한 종류의 야채가 적당히 서로 어우러지는 모습인 정책으로 전환하였는데 우리나라는 그런 느낌의 문화로 가기까지는 거리가 멀어 보인다.

정책을 떠나서 나나 우리 자신의 마음가짐이 중요하다. 너무도 여러 종류의 갈등이 깊은 골을 이루는 사회현상이어서 다문화인들과 함께하는 삶에 대해 논하는 것이 다소 이른 느낌이 있지만 우리의 사회는 이미 다문화사회로 접어들고 있다. 동일 민족 탈북민, 조선족도 다문화로 분류하고 백인이나 흑인과의 혼인은 국제결혼이라는 칭하면서 동남아인 등과의 혼인은 다문화 혼인으로 의식하는 미세한 차별성조차 존재하는 복잡한 다문화 현상을 띄고 있다.

우리 주변에는 앞에서 언급한 탈북민, 중국교포, 고려인 후예 등의 같은 민족이 다른 문화권에서 살다 온 다문화 가족도 우리 문화권에서 살아가기 힘들어한다. 이들을 포함하여 동남아권의 다문화 가족들에게 지난날 백정들에게 나누던 시야가 남아있는 것은 아닌가? 조심스럽다. 우리가 전쟁의 폐허일 때에 도움받은 것을 까맣게 잊고 가난할 때 원조받던 시절을 잊듯이 우리의 처지가 백정과 다를 바 없었던 때를 잊어버린 마음으로 현재를 살지 않는지 살펴보아야 할 듯하다.

4. 교육 강국의 과제

근대교육의 출발선

한국 근대교육은 조선 말기의 개항과 개방의 시기에 새로운 교육의 물결로 시작되었다. 왕조의 끝자락과 침탈 직전인 이 시기에 사회 전체가 커다란 변화를 겪어야 했다. 성리학의 쇠퇴, 실학사상의 접목, 농민반란, 서학의 전래, 개항 등 태풍과 같은 세풍이 사회를 완전히 뒤흔들었다. 급기야 1894년 국가의 근대화를 위해서 대수술인 갑오개혁이 단행되었다. 국가의 부강은 교육에 의한 혁신이라는 인식이 우선되는 개혁이었지만 3일 만에 실패하고 알았다..

국가 주도 최초의 교육기관은 1886년에 설립된 '육영공원'이다. 최초의 근대적 명문 귀족 공립학교였다. 그 이유는 좌원에는 젊은 현직 관리를, 우원에는 관직에 나가지 않은 명문자제를 학생으로 입학시켰기 때문이다. 그 이전에 외국어를 교육하여 통역관을 양성하는 '동문학'이 있었으나 완전한 학교의 형식을 갖추지 못했다. 이외에도 한성사범학교, 법관양성소, 경성의학교 등의 관·공립학교들이 설립되었다.

민간 주도로는 1883년에 설립된 것으로 알려진 '원산학사'가 근대학교의 효시라는 주장도 있다. 이 주장대로라면 배재학당보다 2년이 앞서는 것이다. 1880년에 원산이 개항되면서 일본인 거류자가 많아져서 덕원과 원산지방의 선각자들이 일본의 물결에 대응하는 방안으로 학교의 설립을 추진하였다고 한다. 전통 교육의 기초를 유지하면서 문·무반을 운영한 전통성과 자긍심이 높은 출발이라 하겠다. 그 외에 흥화, 양정, 보성, 중동, 대성, 오산 등 많은 학교가 선각 유지들에 의해 설립되었다.

기독교 선교사들에 의해 설립된 학교로는 1885년 최초의 근대학교로 알려진 배재학당을 필두로 많은 학교가 세워졌다. 경신학교, 이화학당, 정신여학교, 제중원의학교 등 서울에 먼저 세워졌고 그 이후에 지방에도 많은 학교가 세워졌다. 서울과 지방

모두 남자학교보다 여자학교가 더 많았다는 점이 특이하다. 유지의 주도로 만들어진 학교의 설립에도 이런 현상이 나타났다.

새로운 교육의 열매

이런 초기의 학교들은 인재의 양성, 자주정신에 입각한 애국정신 함양, 평등한 교육, 근대식 교육과정 등의 사회 근대화와 항일이 은밀히 담긴 자립정신을 기반으로 하고 있었다. 여기에 선교계 학교들은 기독교적 교육과 지도자 양성의 교육 목표가 더해졌다. 특히 근대식 교육과정은 선교계 학교가 주도하였고 일제의 교육 간섭으로 다른 학교들은 그 방향이 흐트러지기도 하였으나 선교사들이 주도하여 근대교육의 기반을 유지할 수 있었다.

처음에 선교계 학교에 입학한 학생들이 영어교육이나 서양식 교육을 받아 좋은 직장을 얻거나 자신의 영달에 도움이 될 것을 목적으로 입학하였으나, 교육을 받으면서 자립과 민주주의의 기본을 인식하게 되고 나아가서 선각한 지도자로서 자세를 견지하게 되었다. 나라와 국민을 사랑하고 일본의 압제에 맞서서 국가를 지키는 선봉에 서는 애국청년으로 거듭나게 되었다.

일본이나 강대국에 맞서기 위해서 후진을 양성하고 자립정신을 견지하면서 협동하는 새로운 삶을 배우고 실천하는 길을 걷게 된다. 이런 과정을 통하여 국가의 부강이나 건전하고 튼실한 미래 사회를 위해서는 교육이 가장 지름길임을 온 국민이 인식하게 되었다. 그리고 먼저 배운 사람들이 후진이나 국가를 위해서 어떤 마음으로 살아가야 하는지를 깨닫는 계기가 되기도 하였다.

교육으로 이룬 것, 잃은 것

지금의 우리나라 교육은 세계에서 부러워하는 수준에 이르렀다. 대학 진학률이 75% 이상을 유지하고 있고 중·고등학교 진학은 극소수를 제외하고 거의 모든 학생이 진학하는 교육열로 나타난다. 이런 높은 교육열이 부존자원이 부족한 우리나라가 각 분야에서 세계적 경쟁력을 가진 오늘의 수준에 오를 수 있었던 원동력임을 부인할 사람은 없을 것이다.

그런데 이런 교육적 열정으로 이룬 성과와 다르게 사회적 그림자가 드리운 부분도 생겨났다. 과도한 입시 경쟁은 학생들에게 부담을 주어 심리적 스트레스를 겪고 있다. 이 문제는 사교육으로 흘러들어서 가계의 경제적 부담이 가중되고 교육의 불평등 현상을 만들고 있다. 자기의 자질과 다른 전공선택이나 학업의 결과로 기술과 전문성을 갖추지 못한 고학력 인재들의 고급 실업 문제로 대두되기도 한다. 이런 현상들이 누적되어 불안과 불행의 사회 분위기가 짙어지고 있다.

젊은이들이 희망적이고 활기차지 못하고 삶의 굴레에 억눌리는 유약한 심리적 스트레스에 빠지는 것이 더 큰 문제로 여겨진다. 더 치열한 경쟁과 사회, 경제의 여러 가지 문제에 맞서기보다는 포기하는 길을 선택하게 하는 원인이 되겠지만, 안정적 직업과 입시 중심의 경쟁에 집중하는 교육 현실이 낳는 결과가 아닌지 생각해 봐야 한다.

현재의 우리는 후진국 수준에서 나라를 빼앗긴 현실도 아니고 비록 북한과 대립하는 상황이지만 전쟁으로 폐허가 된 사회 현상도 아니다. 오히려 다른 후발국들이 우리를 모델로 삼고자 하는 움직임도 있는 정도로 높은 수준에 있는 국가이다. 이제 나라와 국민에게 새로운 소망과 책임을 인식하는 올곧은 젊은이를 키우는 교육의 바로 섬이 절실히 요구된다.

무엇을 위한 교육인가?

이제 우리의 교육에 대한 패러다임을 재정립할 때가 된 것이다. 행복의 기준이 지나치게 경제적 수준과 편의에 초점이 맞추어져 있는 문제는 교육으로 해결하지 않으면 불가능한 문제이다. 사교육에 의해 입시경쟁력을 키우는 것은 한시바삐 해결해야 할 과제이다. 공교육이 교육의 근간을 회복하고 사교육이 보조하거나 심화하는 체계가 회복되어야 한다.

이런 정책적인 노력은 국가와 전문가들이 심혈을 기울이고 있으니 올바른 방향으로 잡아가기를 기대해 본다. 다만, 교육도 정치적 영역이 되어 진영논리에 의해 학생이나 학부모가 혼란하거나 사회의 기반이 흔들리는 상황은 만들지 않도록 머리를 마주 대어야 한다.

무엇보다 가정교육의 회복이 매우 중요하다. 행복의 기준도 삶의 기본도 가정이 갖추어야 할 기본 덕목인데 등한시하거나 다른 사람에게 맡기는 것은 자녀를 버리고 가정을 포기하는 것임을 명심하여야 한다.

이런 가정교육이 기반이 된 자녀들이 함께하는 삶을 배우는 교육기관에 나와서 견실하게 삶을 나누고 서로의 다름을 인정하는 교육의 장으로 나아가야 한다. 당연히 교육에서 경쟁이 없을 수는 없다. 그러나 경쟁은 뺄셈이나 나눗셈이 아니라 덧셈과 곱셈이어야 한다. 상대를 딛고 이김이 아니라 각자의 특성과 다름으로 서로에게 도움이 되는 것을 배워야 한다. 지고 이기는 승패나 사활의 논리가 아니라 더 잘 정리하고 깨달아 가는 좋은 방안의 하나여야 한다.

필자가 주목하고자 하는 것은 기독교 교육 분야이다. 우리나라가 산업부흥을 일으키고 기성세대가 경제적 변화에 주목하여 밤낮을 가리지 않고 주말도 쉬지 못하는 시기에 교회는 사회의 품으로 한몫을 담당하였고 교회 교육은 새로운 정서와 관계 형성에 많은 영향을 끼쳤다. 전쟁 후 복구와 산업 발전 시기에는 어릴 때 교회에 가보지 않은 사람이 거의 없다. 교회는 어린이와 젊은이들에게 새로운 문화의 터전이요 함께 한 방향을 바라보게 하는 거울 역할을 하였다.

선교사들이 뿌린 교육의 얼이 그대로 이어져 교회의 문화로 자리 잡았기 때문이다. 하늘나라 시민의식은 평등하고 함께 나눔이 기본이었다. 그리고 배우고 익혀서 사람을 사랑하고 나라를 사랑하는 희망의 불씨를 피웠다. 무엇보다 낯설거나 가난한 사람들의 울타리가 되는 교회 교육과 문화는 믿지 않는 부모들도 자녀들이 교회에 가는 것을 허락하는 분위기였다.

오늘날의 교회들이 개별 교회와 성장 논리에 빠져 손가락질 당하는 모습과는 너무도 달랐다. 교회는 외롭고 어려운 사람의 피난처이었고 희망과 사랑을 피우는 사회 사랑방 역할을 담당하였다. 이제 교회가 사회보다 앞서서 교육과 문화와 사회의 밑거름이 되었던 선교사가 문을 연 학교나 교회의 초심으로 돌아가야 교회도 교회답고 우리나라의 미래도 밝아질 것이다.

5. 아직도 가시지 않은 의학 역사 논쟁

왜 의학 역사 논쟁이 계속되는가?

우리나라 의학계에서 역사적 논쟁이 계속되고 있다. 앞에서도 조금 언급되었으나 좀 더 자세히 살펴보기로 한다. 아마도 우리의 의학 수준이 세계적인 차원이 되었기 때문에 일어나는 사안일지도 모른다. 우리 의술이 선진국 수준이기에 그 최초의 것들이 중요하게 다룰 사안이 된 것이다. 그 논쟁의 내용은 대략 3가지의 논점이 있다. 최초의 한국 양의는 누구인가, 최초의 의과대학은 어느 대학인가, 최초의 병원은 어느 병원인가 하는 것이다.

이 모든 쟁점에 주로 서울대학교와 연세대학교가 팽팽히 맞서고 있다. 양의의 교육과정이나 그 졸업생이 배출되어 활동하는 내용, 거기에 최초의 국립병원이었던 제중원의 변화 등을 서로 다른 입장에서 주장하고 있어서 최초의 논쟁은 그 끝을 맺을 수 없을지도 모른다. 이런 논쟁이 의료계 내부에서 얼마나 중요한지 모르겠으나 일반 국민이나 환자들에게는 아무런 관심도 없고 큰 영향을 미치지 않는다.

지금에 와서 누가 최초의 의사이든, 어느 학교가 더 정상적으로 출범했든, 어느 병원이 정통성을 가졌든 그렇게 중요한 문제는 아닐 것이다. 지금에야 최초로 확정된다고 하여 달라질 것도 없으며 의미가 변하는 것도 아니다. 지금이라도 자신이나 소속 단체 이기주의적 성격의 논쟁보다 좀 더 다른 연구와 주장으로 더 나은 의학적 체계와 경쟁력을 갖추는 것이 더 중요하지 않을까 생각하게 한다.

어떤 것이 참 의술인가?

필자가 집필하는 기간에도 의료대란이라는 용어가 남아있는 상황이다. 의료계에 다양한 문제들이 있어서 환자와 국민이 어려움을 겪고 의료계가 개혁의 대상이라고 하니 참 어색한 마음이 앞선다. 의술이라 하면 히포크라테스 선서를 떠올리게 된다. 기원 수백 년 전에 의사였던 히포크라테스가 저술한 의료계의 윤리기준을 지칭한다. 1948년 의사회에 의해 제네바 선언으로 개정되어 현재까지도 전 세계의 의과대학 졸업 시에 졸업생들이 자유의사로 명예를 걸고 서약하는 내용이다.

이 히포크라테스 선서나 슈바이처와 같은 의사가 환자의 건강과 생명을 위해 목숨까지도 걸고 모범과 희생을 보인 것이 의사들의 자긍심이요, 의사의 삶을 결심하는 동인이었을 것이다. 이분들의 의식이나 삶이 너무 먼 예라면 우리나라에서 의료선교를 한 대표적 의사 가족의 삶을 통해서도 의사로서 생애의 보람과 의미를 되새길 수 있을 것이다.

양화진 묘원 중앙에 자그마하지만 3대에 걸쳐 6명의 가족이 안장된 홀 가족의 이야기를 좀 더 깊이 나누었으면 한다. 제일 먼저 내한한 로제타 홀(Hall, Rosetta Sherwood)은 조선 최초의 여성병원인 보구녀관(普救女館)[21]의 2대 책임자로 그 직임을 시작하였다. 혼인을 약속한 윌리엄 제임스 홀(Willam James Hall)이 1년 후에 내한하여 조선에서 결혼식을 올렸다.

평양에서 선교를 개척하던 윌리엄 제임스 홀은 청일전쟁 후에 늘어난 환자를 돌보다가 자신을 돌보지 못해 선교를 시작한 지 3년 만에 세상을 떠나고 말았다. 남편을 잃은 지 얼마지 않아 둘째인 딸도 잃게 된다. 이런 아픔을 겪으면서도 자신의 소명이라 여긴 조선 여성들과 소외되고 희망이 없어 보이던 사람들에게 의술과 사랑을 나누는 일을 멈추지 않았다.

보구녀관에서 진료하던 중 화상을 입어 손가락이 붙어버린 젊은 여성을 수술하게 되었다. 수술이 잘 되어 손의 기능은 회복되었으나 살갗의 회복이 늦어져서 로제타 선교사 자기의 팔에서 두 군데의 살점을 떼 내어 이식수술을 함으로써 완치되게

---

21) 이화학당을 설립한 메리 스크랜튼 선교사가 이화학당 내에 여성의 진료를 위하여 1887년 10월 31일에 보구녀관을 설립하였고, 이날은 이화여자대학교 의료원의 설립일로 기념되고 있다.

하였다. 정상적인 일상으로 돌아간 이 여성이 너무도 감사하고 감동적인 사실을 사람들에게 알려서 많은 여성이 진료를 받기도 하고 성경도 공부하는 계기가 마련되기도 하였다. 이 이야기는 박에스더나 주변 사람에 의해 알려지기도 하였고 로제타가 자신의 일기에 기록하고 있다.

　로제타는 기록의 의사로서 자신이 선교를 떠나올 때부터 시작해서 자신의 의료선교와 남편과 딸을 잃은 밤의 외로움과 시련 등을 상세히 기록하는 일기를 남겼다. 이 일기는 선교일기 4권과 자녀들 육아일기 2권으로 엮어서 책으로 편찬되었다. 남편 사후에 남편을 기념하는 기홀병원, 시각장애인 학교인 평양 여맹학교를 설립한 뒤 한글 기반 점자를 최초 개발하기도 하였다.

　그 외에도 여러 곳에 여성병원을 세우고 고려대학교 의과대학의 전신인 '조선여자의학강습소'를 개설하고 통역으로 함께

양화진홀에 전시된
로제타 일기 두루마리

일하던 박에스더가 최초의 여성 양의가 되도록 돕고 함께 의료 활동을 계속하였다. 아들 샤우드 홀(Sherwood Hall)은 이모처럼 따르던 박 에스더가 결핵으로 사망하자 경영학을 전공하려던 마음을 바꾸어 결핵을 전공한 의사가 되어 최초의 결핵 요양원을 세우고 크리스마스실을 만들어 협동하여 결핵을 퇴치하는 선봉에 서기도 하였다.

로제타를 비롯한 2대 부부 4명 모두가 의사로서 자신에게 맡겨진 환자와 의료 활동에 진력한 근본정신은 선교사와 의사로서 깊은 책임감과 사랑에 그 뿌리가 있음을 보게 된다. 전쟁 후의 부상자와 환자를 돌보러 죽음의 장으로 뛰어든 아버지 홀, 일생동안 조선 여성과 소외된 사람의 참 이웃인 어머니 홀, 결핵 환자를 위해 혼신을 바치고 끝내 추방까지 당한 아들 내외, 이 가족들의 환자 사랑과 진정한 의료 활동의 여운이 우리의 가슴에 잔잔하게 내려앉는다.

이런 예가 외국인 선교사의 예라면 이런 의사의 전통과 사랑을 이어받았던 박에스더와 장기려 박사의 삶은 어떠한가? 그분들의 병든 사람과 어려운 사람들에게 베푼 사랑의 의술은 세계 어느 곳에서도 귀감이 되고 우리의 자랑이 되기에 충분하다. 그런데 우리나라의 의료계가 개혁이니 대란이라는 말로 얼룩지는 현실에 너무 마음이 아프다.

믿음과 신뢰의 본

의사는 많은 시간 동안 공부와 실습을 하여야 자격을 얻게 된다. 오랜 공부와 많은 의술 활동을 통하여 환자를 낫게 하는 의사의 역량이 형성된다. 그래서 환자가 가진 병증이 무엇이며 원인이나 상태를 진단하는 능력을 얻게 된다. 환자에게 맞는 처방이나 수술 등을 통하여 치료의 과정을 거치게 되는데 환자와 의사의 신뢰가 바탕이 되어야 가능하다. 이처럼 의사는 사람의 생명이나 위험을 다루는 매우 소중한 사명과 사랑의 기본을 갖추어야 하고 신뢰도 받아야 하는 귀중한 지도자의 대표적 모형이다.

필자는 다른 모든 직업이 일정 수준의 사명감을 요구하지만, 앞에서 비교적 자세히 언급한 사람의 생명을 다루는 의사, 나아가서 인간의 정신과 미래를 담당하는 교역자와 교육자, 지도자임과 애국자임을 자처하는 국가의 미래를 맡은 정치인들은 자신의 영달이나 수입보다는 사명감이 더 우선되어야 할 직업으로 생각한다.

그런데 오늘날의 지도층 사람에게서 'Noblesse Oblige' 정신을 찾아보기가 어렵다. 이른바 사회 고위층에게 요구되는 무거운 도덕적 의무는커녕 일반인보다 더 도덕적 해이가 심한 모습들이 구설로 시끄럽다. 물론 보이지 않는 곳에서 고상한 삶을 나누는 지도자들이 훨씬 많을 것으로 믿고 싶다. 서민이 기대하는 더 높은 사명감과 도덕심을 가져야 하는데 일부 지도층들이 보여주는 모습은 마치 일반인이나 젊은이들에게 반면교사를 가르치려는 행동이 아닌가 하는 생각까지 들게 한다.

4. 낯선 만남의 색다른 열매들

1. 조선 여성들의 삶의 변화

오늘날 여성들의 위상

우리나라가 아주 오랜 옛적부터 가부장적 사회로 이어져 오지 않았다. 가부장적 분위기가 불교가 통치 이념이던 고려가 망하고 유교가 통치 이념으로 바뀐 조선 시대에 더 강화된 듯하다. 즉, 통치 정책의 변화를 거치면서 가부장적인 전통이 어느 시대보다 더 굳건히 세워지게 되었음이다. 농경사회와 산업사회에서는 남성의 역할이 중요하기 때문에 대중의 삶에도 더욱 가부장적 남성우위의 분위기가 확고하게 자리 잡게 된 것이다.

비록 고대 전통이 아닐 수도 있고 수천 년의 퇴적이 아니라 하지만 수백 년의 세월 동안 굳어진 사회적 관습은 단기간에 벗어나기 어렵다. 노동력, 기술력을 기반으로 하고 남성 중심으로 형성된 사회구조와 기존 인식을 벗어나기 위한 페미니즘이나 미투가 운동으로 명명되는 것이 현상이다. 여성들의 권리와 위상이 남성들과 동등하지 않은 까닭이다.

민주주의가 뿌리를 내리고 근대화를 거치면서 여성의 권리나 위상이 현격히 상승하여 2000년대 이후에는 가부장적 사고는 사회적 부조리로 인식될 정도로 변화가 읽힌다. 아직도 중요한 요직이나 기업의 임원과 간부의 여성 비율이 낮은 현상은 남아있다. 그렇지만 강력한 대통령제를 시행하는 나라로서 미국보다 우리나라가 여성 대통령을 먼저 선출했다. 가정에서 여성들의 위상은 거의 모계사회를 방불케 하는 변화가 감지되는 것도 사실이다.

이런 위상이 있기까지

기독교 선교가 시작되던 19세기 말 20세기 초의 시대 상황은 가부장제가 극을 이루었다가 서양이나 일본의 침략에 대비하는 과정에서 겨우 여성의 인격이나 권리와 활동을 인식하는 차원이었다. 여성들이 교육받고 사회생활을 하는 것이 생소한 사회 환경이었다. 선교사들이 내한한 직후에 서양식학교를 개교하게 되는데 1887년에 여성을 위한 이화학당도 세워졌다. 이 학교 내에 여성만을 위한 병원인 보구녀관도 문을 열어서 노예의 삶과 같던 조선 여성들의 삶에 새로운 시대가 열렸다.

이제 여성들도 동등한 교육과 치료를 받는 세상이 열린 셈이다. 이화학당에 다니던 김점동은 영어를 빨리 익혀서 통역과 여성 의사 로제타의 수술 조수로도 활동하게 된다. 언청이가 외과 수술로 새로운 삶을 살게 되는 것을 보고 의사가 되는 꿈을 품는다. 통역이요 조수인 그녀를 로제타 선교사가 도와주어 미국에서 의학 대학을 졸업하고 우리나라 최초의 여성 서양의가 되어 귀국하게 된다. 그녀의 남편은 아내의 학업을 뒷바라지하다 졸업을 얼마 앞두고 폐결핵으로 사망하여 우리나라 최초 외조남의 이름을 남겼다.

그녀가 바로 1900년에 귀국하자마자 6개월 동안 3,000명의 환자를 진료한 박에스더이다. 박씨 남편과 결혼하여 박씨 성을 쓰고 세례를 받으면서 에스더란 이름을 얻었기 때문이다. 우리나라 최초의 의사가 누구냐는 논쟁에 대해서 다른 장에서 다루었지만, 최초로 우리나라에서 의술을 펼친 최초의 양의는 박에스더, 즉 김점동이 분명하다.

갑신정변 후에 미국으로 망명하여 미국 국적을 획득한 서재필이 박에스더 보다 몇 년 전에 서양 의사 자격을 획득하였으나, 국적의 여부를 떠나서 국내에 입국하여 의술을 행하지는 않았기에 의술을 펼친 최초의 한국인 의사는 박에스더라는 것에 대해서는 이의가 없다. 이처럼 한 선교사의 노력이 상상조차 할 수 없던 여성의 새롭고 뛰어난 삶의 결실로 맺힌 것이다.

젊은 여성들의 학교 교육 외에도 일반 여성들에게도 언어교육과 성경 공부는 물론 한글 성경 권서의 역할 등이 주어지면서 여성들도 자신의 권리와 사회적 활동에 눈을 뜨기 시작하였다. 1889년 북촌의 양반 여성들이 주동하여 '여학교설시통문(女學校設始通文)' 이른바 '여권통문(女權通文)', 즉 여성 권리를 명시

한 문서를 발표했다. 이는 '세계여성의날'로 지정된 1908년 3월 8일 미국 뉴욕의 여성 노동자들의 시위보다 거의 10년이 앞선 여성 권리 선언으로 주목하여야 한다.

새롭게 생각해 볼 문제들

가정에서 어머니의 위상이나 몇몇 여성 평등이나 우위의 사례로 여성의 지위나 권리가 보장된 사회가 되었다고 볼 수 없다. 아직도 남성우월주의나 여성 폄하가 사회 곳곳에 통념의 문화로 남아있다. 심지어 성차별에 머무는 정도가 아니라 성폭력이 남성의 삶에서 은연중에 드러나기도 하고 직장이나 사회활동에서 여성 지도자를 꺼리는 현상은 풀리지 않은 숙제이다.

그런데 간과하지 않아야 하는 것은 차별이나 몰이해가 비록 성의 문제만이 아니다. 세대 간의 몰이해, 장애와 비장애의 이해 부족, 다문화 가족에 대한 편견, 정치 성향의 대립이 어느 정도의 간격이 있는 차원이 아니라는 점이다. 아예 적대적 관점으로 바라보거나 비하하는 수준을 넘어서 대화나 이해를 위한 접근조차 하지 않으려 한다. 흔히 여러 사람이 모이면 정치와 종교 이야기는 하지 않아야 싸움을 예방할 수 있다고 한다. 도대체 상호 이해를 위한 대화조차 닫아 버리면 어떤 해결책이 나올 수 있을지 걱정이 앞선다.

선교사들이 언어를 비롯한 문화가 전혀 다른 생활 속에서 어떤 삶을 살았기에 여성들을 비롯한 전 세대에 변화와 새로움의 영향을 미쳤을까 생각해 보지 않을 수 없다. 가장 먼저 자신의 눈높이나 생활의 격을 상대인 한국인들에게 맞추었다는 것이다. 그리고 그 삶의 실상과 문제에 대해 함께 풀어나가는 노력을 기울였음이다. 한 가지를 더해 본다면 그런 삶의 과실을 자신이 아닌 다른 사람의 삶이 융성해지도록 사용한 것이다.

이제 우리도 이 깊어진 계곡에서 상대의 입장을 먼저 바라보고 귀와 마음을 열어야 한다. 어떤 형태이든 접근 점이나 문제 해소를 위해 함께 노력하는 장이 필요하다. 그리고 나만 우리만 이기고 얻는 결과가 아니라 다소 손해 보더라도 상대의 입장을 먼저 생각하는 것이 바로 나 자신과 우리의 삶을 위한 길임을 아는 지혜도 필요하다.

2. 한글의 발전과 대중화에 끼친 영향

한글의 위대성과 그 이면의 그림자

한글은 우리나라 문화유산의 대표적인 상징이다. 한글의 우수성은 여러 가지 관점에서 세계적인 주목을 받을 만하다. 과학

성과 체계성, 단순함과 유연성을 갖추고 있어서 문해력을 높일 수 있는 우수한 문자이자 언어이다. 특히 구조와 구성이 독창적이면서도 유연해서 새로운 창의를 더 하거나 외래어와 같은 새로운 것을 받아들이기 쉽다. 정보화 시대에 더 큰 유용성을 발휘할 수 있다는 장점을 갖고 있다.

언어들이 그 생성 시기나 과정이 분명하지 않은 것이 대부분인데 한글은 그 창제 시기나 해설집이 분명하게 존재하기에 더욱 특이하고 주목받는다. 한 걸음 더 나아가 한글의 창제가 백성들이 쉽게 배울 수 있게 새로운 글을 만들어 그들의 뜻을 펼치게 하려는 군왕의 의지로 시작되었음은 우리뿐만 아니라 세계인의 마음을 사로잡는 요소이다.

그러나 이런 한글이 조선 말엽까지 완전히 백성들의 생활에 뿌리내리지 못하였다. 한글을 칭하는 이름이 걸어온 길을 보면 그 이유를 알 듯하다. 처음 창제될 때의 이름이 훈민정음 또는 정음(正音)이었고 언문(諺文)으로 불리기도 했다. 그 이후에 격하한 이름으로 암클(여자가 쓰는 글), 중글(중이 쓰는 글), 상말글(상놈들이 말하는 것을 적은 글)로 불리었으니 한글이 우리나라의 중심 문자로 자리하지 못했음이 드러난다.

1894년 갑오개혁 이후에 주체적 문자라는 의미를 강조하기 위해서 국문(國文)으로 부르다가 1910년대에 한글이라는 호칭이 등장하기 시작하였다. 창제 때와는 너무도 대조적인 현상이 나타나는데, 누구에 의해서 언제 이 이름이 사용되었는지 알 수 있는 기록이 없다. 이 호칭은 1928년에 1926년에 제정한 훈민정음 반포 기념일(음력 9월 29일)을 한글날이라 고치면서 일반화하게 된다. 이제는 완전히 자리 잡은 이 '한글'이라는 이름조차 제대로 된 뿌리가 없음이 한글의 역사를 대변한다고 해도 과언이 아니다.

생활 속에 뿌리내리기

앞에서 언급되었듯이 한글이라는 이름의 뿌리조차 없을 정도로 미미한 존재로 취급받던 한글에 대하여 선교사들이 주목하기 시작한 것이다. 헐버트 선교사는 한글이 과학적인 글자임과 배우기에 쉬운 점에 놀랐는데 더 놀라운 것은 이렇게 훌륭한 글자를 우리 민족들이 업신여기고 있다는 사실이었다.

한글 예찬론자가 된 헐버트 선교사는 전 세계에 한글의 우수성을 알렸다. 제자인 주시경과 함께 순한글 독립신문을 발간하는 주역을 감당하였고 서양의 언어적 기법과 학문을 도입하는 데 큰 역할을 담당하였다. 한글에서 띄어쓰기를 제안하고 독립신문에서 이를 실행하여 한글의 발전과 문법적 기반을 형성하는 데도 기여하였다.

신문에 대하여 정리할 때 언급되었듯이 신문에 사용되는 언어는 가장 보편적이고 대중화되어야 한다. 그런데 우리나라의 근대화 시기에 발간된 신문 중에서 순한글로 제작된 신문은 독립신문이 유일하였다. 그 신문의 창간과 운영에 선교사들이 깊이 관여한 것이 한글과 한국문화에 미친 영향이 어떠했는지를 짐작하게 한다.

특히 선교사들이 한글 성경 번역 작업에 심혈을 기울여서 1911년 한글 성경이 완역되고 발간됨으로써 한글이 백성들의 삶에 끼친 영향은 지대하다. 성경을 쉽고 정확하게 배우는 데 그치지 않고 한글의 일상화를 끌어내었다. 한글의 전면적인 사용을 머뭇거리거나 한글 자체에 대해 업신여기는 마음을 가졌던 지도층의 망설임이 완전히 허물어지는 계기가 마련되었다.

헐버트 박사가 편찬한 최초의 한글 교과서 '사민필지(士民必知)'는 제목 자체에서 드러내듯이 선비와 백성들 모두가 알아야 할 지식이라는 이름으로 독립신문에 이어 한글 그 자체가 가야 할 길을 제시한 대표적 사례이다. 적어도 학문은 한자로 배워야 한다는 인식을 완전히 불식시키고 한글 교과서에 의한 학문과 교육의 문을 활짝 열었다.

세계적 자긍심과 세계화의 씨앗

'아리랑'은 우리 민족의 영혼이 담긴 노래이다. 지방마다 다소 다른 내용을 담기도 하지만 희로애락이 있는 우리 삶의 혼을 담고 있어서 언제 들어도 가슴을 저미게 한다. 1926년에는 나운규 감독이 연출한 '아리랑' 영화가 단성사에서 개봉되었다. 구름 떼처럼 관객이 모였다고 한다. 그런데 아쉽게도 영화필름이 남아있지 않다. 영화 광고와 영화에 관한 기사 등이 이 영화가 있었음을 알려 주고 있다. 세계적 기록물인 조선왕조실록을 가진 민족으로서는 참으로 아쉽고 애달픈 일이다.

한글에 세계적 긍지를 불어넣어 준 헐버트 선교사가 구전되던 아리랑 노래를 서양식 오선 악보에 기보하여 세계에 알렸다. 당시의 우리나라 사람 중에도 서양음악을 공부하여 작곡까지 하는 사람들도 있었으나 우리 문화를 세계적 수준으로 여기고 세계에 알리는 생각을 하지 못했다. 물론 나라를 빼앗겨서 풍전등화의 시절에 문화를 느끼고 알린다는 것이 그리 쉬운 일은 아니었다.

이외에도 한국의 고소설 '구운몽'과 '춘향전'을 영어로 번역하여 세계에 알린 게일 선교사도 우리 문화를 사랑하고 세계에 알리는 문을 여는데 큰 자취를 남긴 선교사이다. 세계인의 신앙서적인 '천로역정'을 한글로 번역하고 한영사전을 최초로 간행하였다.

1901년에는 한글과 한자가 병행된 특이한 형태의 지도를 마련(?)하여[22] 1902년에 영국잡지인 'TRANSACTION'에 HAN-YANG(SEOUL, 1902)을 기고하면서 이 지도를 사용하여 세계에 조선을 알리는 데 활용하였다.

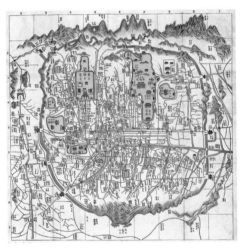

게일의 한성지도로 알려진 한성전도(한자/한글)

---

22) 지명에 한글과 한문이 병기되어 지역의 특성을 잘 드러내는 지도인데, 기고문에 삽입되어 남겨져 있으나 제작이나 원본의 출처가 밝혀지지 않아서 '게일의 한성도'라는 이름으로 명명되고 있다.

물론 우리 선조들이 문화적 뿌리를 가꾸고 잘 계승한 결과로 오늘의 한류를 낳았음을 부인할 수는 없지만, 초기 선교사들이 우리 언어와 문화의 가치를 알고 우리에게 깨우치고 세계에 알리고자 한 다각적인 노력으로 한국문화 세계화의 씨를 뿌리기 시작하였다. 오늘날 한류를 넘어서 노벨문학상을 받게 되는 초석을 놓아준 셈이다.

3. 생활문화 변혁의 씨앗 뿌리기

전통성을 가진 문화와 사회의 변화

1392년에 세워진 조선은 고려를 뒤 이어 건국하면서 불교가 아닌 유교를 통치 이념으로 삼고 출범하였다. 500여 년의 긴 역사를 가진 나라로서 유교적 통치와 생활관이 뿌리를 내려 완연한 유교의 세상을 만들어 유지해 왔으나 19세기 말에는 망국의 조짐과 외세의 거친 파고에 시달려야 했다.

조선이 막을 내리는 20세기 초엽에 전 세계는 두 번의 큰 전쟁을 통해서 약육강식의 침략과 지배가 보편화하는 혼란의 형국이었다. 산업혁명을 기점으로 서양 나라보다 후진성을 벗어나지 못한 아시아 국가들이 침탈이나 무역영역 확산의 대상으로 시달림을 받았다.

나름대로 국권을 유지하며 견뎌오던 조선도 이런 쓰나미 같은 흐름으로 극심한 혼란을 겪으며 강대국들의 야심에 휘둘리는 상황이 전개되었다. 개혁 세력이나 일반 민중의 봉기도 있었고 고종황제도 국가의 이름을 대한제국으로 바꾸고 개혁의 불씨를 피워 보고자 하였으나 조선을 둘러싼 아시아 강국들인 중국, 러시아와의 야욕전쟁에서 승리한 일본에게 국권을 빼앗기는 종말을 맞게 되었다.

이런 소용돌이의 시기에 기독교 선교가 시작되면서 이념적 이데올로기를 비롯하여 전통적 생활의 변화가 시작되었다. 유교적 삶의 기본인 신분제도와 조상숭배, 남존여비와 농업 중심의 사회 전반에 전통과 다른 물줄기가 흐르게 된 것이다. 일본의 압제와 개방의 물결에 의한 변화도 있었지만, 전혀 다른 이념을 인식함으로써 사회 통념이 단시간에 무너지고 새로 세워지는 격동을 맞게 된다.

이 시기에 우리나라에는 크게 3가지의 변혁의 기운이 작용하였다고 볼 수 있다. 그 가장 큰 주류의 힘이 일본의 침략에 의한 일체화나 식민지화이었다. 이에 반작용으로 독립과 각성의 운동이 일어났고 교육과 의료를 통한 기독교적 변화의 물결도 더해졌다. 전통성이 한꺼번에 붕괴하고 침탈과 독립운동 그리고 기독교적 서양화가 혼재하는 시대가 되었다. 단기간에 전제 군주제가 무너지면서 차츰 선교사가 주도하는 서양의 평등 민주사회의 영향이 커져서 변화의 방향을 주도하게 되는 흐름이 주어졌다.

한국기독교 선교의 기초

필자는 3번째의 기독교 정신과 지도력을 중심으로 살펴볼 것이다. 한국기독교 선교의 초기에 미국의 장로교와 감리교 선교사들이 많이 내한하여 우리나라 기독교의 근간이 되었다. 그 이후에 성공회와 구세군이 장로교와 감리교 선교에 버금가는 다른 축의 선교 활동을 펼쳤다. 물론 성결교와 침례교를 비롯한 다른 교파들도 열정적인 선교 활동을 펼쳤지만, 앞의 두 그룹에 비해 큰 교세를 확보하지는 못했다.

가장 큰 축을 이루었던 미국 선교사들은 청교도 정신에 기반한 선교전략으로 우리나라 선교를 시작하였다. 청교도들은 성경 중심, 금욕주의, 개혁지향, 애국정신을 기반으로 종교개혁이 다소 불충분하다고 여겼기에 까탈스럽고 고집불통이라는 비아냥의 호칭을 받던 집단이었다. 삶의 전반에서 경건한 의무에 충실하기 위해서 성실, 근면을 바탕으로 삶에 해가 되는 도박, 술, 마약을 멀리해야 한다는 신념을 가지고 있었다.

이런 미국 중심의 청교도와 조금 다른 정통성을 유지하는 성공회와 사회 구제 중심의 구세군도 이 땅의 선교에 뛰어들어 교회의 자립과 자비와 나눔의 색다른 선교문화를 심어주었다. 청교도가 성공회에 미흡한 부분에 반기를 든 형태이고 구세군이 감리교에서 구제를 특성으로 하는 교파로 분리되었으나 조선의 선교 현장에서는 대립하거나 반목하지 않고 유기적으로 협력하였다.

이처럼 우리나라의 선교는 많은 교파와 다양한 선교방식들이 공존하였다. 이런 선교환경에서 각 교파의 선교사들이 협력기구를 만들어서 선교지역 분할 등의 다각적인 협력 방안을 마련하여 선교의 과실을 얻었다. 선교지에 말씀의 씨앗(하나님 사랑)을 기틀로 하여 사람 사랑에 대하여 다양한 방법으로 삶의 변화를 추구하는 여러 가지 씨앗을 뿌린 결실이 맺힌 셈이다.

이 과정에서 선교사들은 술과 담배, 도박에 빠진 조선의 남성, 청결하지 못한 환경에서 비하 받던 여성, 노예 생활과 다를 바 없는 평민, 노비와 부랑자들에게 시선을 집중하게 된다. 즉, 말씀을 전파하면서 백성들이 겪는 문제를 해소하는 삶의 변화에 선교의 초점을 맞추었다. 이른바 전통적 문화와는 전혀 다른 평등사회와 교육에 의한 희망과 개혁의 새로운 생활문화가 이 땅에 이식되었다.

생활문화 변화의 움

이렇게 생활문화의 변화를 위해 뿌려진 씨앗이나 움들이 일상의 삶에 영향을 미치기 시작하였다. 가장 먼저 변화하게 된 것은 여성과 가난한 사람들에게 희망의 빛이 드리워진다. 먼발치의 소망이 아니라 여성이나 가난한 사람도 교육받을 수 있고 치료받아 건강한 삶을 영위할 수 있는 현실이 눈앞에 주어진 것이다. 그 당시의 희망도 없고 몽매한 사람들에게 이 빛은 어떤 방법으로도 표현할 수 없는 희열이자 놀라움 그 자체였을 것이다.

이런 충격을 받는 사람들의 계층이 하층민이나 여성에 국한되지 않았다. 물론 기독교 선교 외에도 외교적인 문호 개방으로 서양 문물을 대하는 지도층들에게도 선진문물이나 제도와 기술이 주는 놀라움이 컸을 것이다. 특히, 일본의 침략이 코앞에 닥친 상황에서 선각의 지도자나 젊은이들에게는 나라 사랑과 자주와 자존의 새로운 이데올로기는 자신과 국가의 운명을 다시 돌아보는 계기가 되었다.

서양학 정도로 여기던 지도층은 물론이고 모든 백성이 생김새가 전혀 다른 사람들이 전해주는 상상하기 어려운 현실들을 대하면서 그저 놀라워만 할 수 없었다. 그들이 바뀌어야 한다고 지적해 주는 삶의 변화에 동참하기 시작한다. 어제까지 게으름뱅이가 나쁜 버릇을 바꾸고 공부와 내일을 위한 일에 뛰어들고 가난하고 무지했던 백성과 여성들이 소망과 평등을 맛보고 상상 이상의 삶으로 바뀌는 현실이 믿기 어려울 지경이었음이 짐작된다.

세상에 제대로 알려지지도 않은 나라, 문맹률이 높고 일부 계층만 배움을 갖던 사회, 여성은 목소리조차 낮추고 비하되던 가문, 이름조차 없이 짐승에 가까운 삶의 개인으로 존속하던 대다수 백성의 사회였다. 선교사에 의해 제시된 생활문화의 변화는 지극히 작은 불씨였으나 절망적이던 사회의 구석구석이 희망과 변화의 꿈틀거림으로 내일의 해를 기다리는 새 단장에 여념이 없는 소망의 삶으로 바뀌고 있었다.

4. 건전한 청년문화의 장

한류는 실체가 있는가?

1960년대에 일본문화의 유입에 대해 염려하던 때가 있었다. 일본문화를 한꺼번에 개방하면 우리나라의 문화가 무너져 버릴 것을 우려하여 단계적 개방을 택했던 시기의 일이다. 그런데 지금의 한류라는 이름은 중국이 한국의 문화가 거세게 밀려와서 두려움을 가진 듯한 방어적 용어로 사용된 것이다. 그러니까 다른 외세 문화에 의해 우리 문화가 침탈되는 염려가 아니라 우리 문화가 흘러서 외국의 젊은이나 대중문화에 영향을 끼치는 현상이 생기게 된 것이다.

한류의 시작이 어느 드라마에서 촉발되었다느니 어떤 영화나 어떤 그룹의 영향이라느니 시작에 관한 주장이 분분하다. 나아가서 정작 한류가 무엇이고 그 실체가 무엇이냐는 것도 분명히 정의하기는 어렵다. 한국인이 창작하거나 주된 역할을 해서 만들어진 문화적 상품의 흐름이라고 말하기도 그렇고, 그 내용이 한국의 전통과 정서를 담고 있는 것이라고 정의하기도 애매하다.

한국의 드라마나 영화 트루기를 보면, 대동소이한 이야기의 전개들이 등장했다. 출생의 비밀, 사랑의 삼각관계, 예기치 못한 죽음, 설명이 선명하지 않은 전화위복 등을 내포한 특성을 한류 분위기로 여기기도 하였고 한국 아이돌이나 연예인이 주역으로 여겨지기도 하였다. 그런데, 이제는 이야기의 서사구조와 전개 과정도 다양해지고 그룹에 외국 출신도 많고 노래의 작곡이나 작사와 안무 등도 한국 사람에 의해서만 이루어지는 것이 아니어서 한류라는 특성을 정의하는 것이 더 어려워진 상황이다.

상당히 오랜 시간 동안 중국 역대 나라의 속주 국에 가까운 문화적 모방이나 전래에 의존했고 근대에는 일본문화의 아류로 취급받던 우리 문화가 갑자기 그 역의 흐름인 한류를 어떻게 만들어 낼 수 있었던 것일까? 그 내용이나 체제의 색다름인가 아니면 감성이 특별한 사람에 의해서인가? 그리고 이 한류의 흐름은 얼마나 더 지속될 수 있을지 등이 매우 궁금하다.

이런 궁금증들은 과학적인 증명이 불가능하다. 사람의 마음을 움직이게 하는 결과라는 점에서 보면 참으로 이해하기도 측정하기도 쉽지 않은 것이다. 그렇지만, 사회현상으로 한류라고 명명된 문화적 흐름이 있음은 선명하고 그 영향으로 문화 산업을 선두로 하는 경제적 효과는 물론 다양한 파급효과도 나타나고 국가적 위상의 변화를 느낄 수 있음도 분명하다.

한국의 근대화와 경쟁력

이런 고심 끝에 생각해 보게 된 것이 뭔가의 특별한 다름(Unique)이다. 중국으로부터 받아들인 불교나 성리학은 물론 건축과 공예, 미술과 음악과 같은 문화적 영역에서 보면 거의 모든 것이 전래문화로 우리나라에 들어오게 된 것인데 시간이 흐르면서 우리만의 어떤 새로움으로 발전하거나 변형되어 색다른 맛이나 멋을 기반으로 하는 경쟁력을 갖추게 되었다.

전 세계에서 바닥을 데우는 아파트는 우리만의 문화이다. 세계 최대의 강대국들인 중국과 일본, 미국과 러시아를 우습게 보는 자신감도 우리의 묘함이다. 수도원에서도 쉽지 않은 새벽기도회와 철야 기도회도 우리만의 열정이다. 드라마가 프라임 타임을 주도하고 상당한 비중을 차지하는 방송 체계도 어느 나라와도 비교 불가능한 우리만의 특이함이다. 빨리 빨리와 다이나믹과 부지런함도 빼놓을 수 없는 우리의 개성이라 하겠다.

물론 다른 민족이나 나라들도 이만한 차별성이나 독특함은 가지고 있을 것이다. 왜 우리나라만이 전혀 색다른 결과로 문화적 흐름이 있는 경쟁력으로 만들어 내느냐 하는 것이다. 여기에는 내면의 경쟁력을 제삼자의 시선으로 보는 계기가 제공된 것이 매우 중요한 역할을 한 것으로 여겨진다.

개화와 개방, 즉 선교의 개시 이전에는 일부의 교류를 통하여 서로의 것을 비교하고 발전, 변화시키는 정도에 그친 것이라면, 완전히 객관화하여 바라보는 시야가 있었고 이를 깨우쳐서 경쟁력으로 만드는 과정이 주어진 것에 주목해 볼 필요가 있다. 우리는 우리의 것에 담담하게 여겼으나 선교사들이 그 특성과 우수성을 인정하고 세계화와 내면화를 깨우친 점이다.

자체적으로 일구어내거나 변형과 새로움으로 찬란한 문명을 이루었으나 현대에는 그에 걸맞은 경쟁력을 갖지 못하는 역사적 교훈이 세계의 유명 문명에서 나타난다. 타지마할과 앙코

르와트의 무굴과 크메르 문명이나 마야, 잉카, 아즈텍의 문명이 찬란한 문화유산을 가지고 있지만, 근대나 현대의 선진국 대열에 들지 못하는 후대의 상황을 볼 수 있다.

또한 짧은 시간에 가장 넓은 영도를 정복했던 몽골이나 이집트나 페르시아 같은 당대 최고의 강대국 중에서 그들의 우수성을 제대로 유지하지 못하거나 다른 국가들이 그 문명의 이기를 이용함으로써 예전의 위상을 잃거나 심지어 후진국의 위치에 처한 사례도 볼 수 있다.

근대화의 물결은 이런 경쟁력의 위상이 완전히 바뀌는 전환점이 되었다. 먼저 근대화와 과학화를 이룬 나라들이 오늘날의 선진국이 되었고 그 이전에 선진국의 위상을 가졌으나 변화와 승화를 이루지 못한 나라들은 그 현상 유지에도 급급한 입지에 놓여 있다. 뒤처져서 개방조차 늦었던 우리나라의 급격한 변화와 발전이 세계의 주목을 받는 것은 또 다른 한류의 한 축이 아닐까? 생각해 본다.

아시아지역의 많은 나라가 비슷한 시기와 환경에서 근대화와 해방의 상황이 전개되었다. 세계 선교의 물결과 민주화의 요구도 밀어닥쳤다. 이 근대화의 파고를 어떻게 지나왔느냐가 오늘의 국가 위상이 된 현상이다. 우리나라는 이 파고를 타고 서핑하듯 경제는 물론 민주화까지 잘 이룩한 결실을 얻은 나라가 되었다.

아직도 우리의 전통이나 문화를 폄훼하는 일부의 사람들도 있으나 이것은 근대화의 과정에 국가적 연결이 끊어진 시기인 일본의 압제에 의한 왜곡된 문화 역사관이 우리의 삶에 잔재 된 현상으로 여겨진다. 바로 이 시기에 한글을 비롯한 우리 문화와 전통의 우수성을 알게 해서 계승, 발전시키게 해 준 선교사들의 깨우침은 상대적으로 매우 중요하고 의미가 있는 출발점이요 밑거름이 되었음이 분명하다.

건전한 청년문화의 뿌리와 성숙

제2차 세계대전 당시의 아시아 국가는 대체로 전제 군주국의 형태였고 일본의 침략 후에 다른 나라에 의해 해방을 맞은 대동소이한 형편이었다. 전쟁 이전에 나라의 형편에 따라 해방 이후의 출발선이 조금 차이가 있겠지만 대표적 성공 사례가 된 우리나라가 이 과정을 지혜롭게 지나온 동인은 무엇이었을까?, 다른 나라와 다른 결과를 낳은 차별성은 무엇이었을까? 하는 궁금증이 생긴다.

우리나라를 포함한 아시아 국가에 무엇보다 이색적으로 다가온 것이 평등사회와 민주화였을 것이다. 다음으로 교육과 문화의 영역이라고 해도 큰 무리수가 없을 듯하다. 우리나라가 짧은 기간에 잘 성숙한 민주주의의 표본이 될 수 있었던 것은 선교사들이 뿌린 평등사회와 교육과 문화의 씨앗에서 비롯되었다.

평등과 교육에 관한 내용은 앞에서 많이 언급되었으므로 문화에 관한 내용을 좀 더 깊이 살펴보자. 신분의 고하나 재산의 유무와 상관없이 가장 먼저 학교에서 그리고 YMCA를 통해서, 그리고 각종 사회운동을 통해서 젊은이들과 여성들이 세상의 중심에 설 수 있는 문화 여건이 형성되어 우리 사회 전반에 엄청나게 큰 영향을 끼쳤다.

학교를 통한 문화 운동은 서울에 배재와 경신이 설립되어 중부 이남에 새로운 교육과 청소년의 문화를 열었다면, 베어드(William Martyn Baird) 선교사에 의해 평양에 설립된 숭실학당이 북쪽 지역의 중심이 되었다. 한마음으로 협동하는 한 민족의 각성과 나라에 대한 책임을 통감하고 건전한 문화 활동으로 상호 존중하는 협력의 장을 배우고 익혔다.

특히 베어드 선교사는 자신이 주창하여 조선 선교부의 교육정책으로 채택된 '우리의 교육정책'에 따라 미국의 교육교재를 번역하여 세계적 관점의 교육과 정통교육을 병행하였다. 이에 더하여 과학, 실과 등의 실용 학문을 가르쳐서 균형감각이 있고 사회적 요구에 적합한 지도력과 적응력을 겸비한 실용 인재를 양성했다.

YMCA가 중심이 된 청소년 문화는 크게 건전 문화영역과 사회운동으로 나누어 살펴볼 수 있다. 초창기의 선교사들이 토론 문화와 같은 정신문화 외에도 현재 우리나라가 세계적인 수준에 있는 체육과 음악 등의 새로운 청소년 건전 문화를 안착시키는 데에도 많은 노력을 기울였다. 야구, 축구, 배구 등의 단체 구기 운동을 통한 건전한 단체활동뿐만 아니라 한글 찬송가 발간을 비롯하여 각종 악기나 공연 등의 다양한 문화 활동도 이 시기에 소개되었다.

　제1회 조선 야구대회가 '배재고등보통학교' 운동장에서 1920년에 개최되었다. 광복 후에 대한체육회는 이 대회를 제1회 전국체육대회로 인정하여 대를 잇고 있다. 우리나라에 최초로 수입되어 연주된 그랜드 피아노, 아리랑의 5선지 악보 채보 등 선교사들이 장을 연 흔적들이다. 이렇게 개화기에 받아들인 스포츠와 문화가 세계적 강국의 위상을 얻기까지 엄청난 노력과 투자가 뒷받침되었기에 가능한 것이지만 그 최초의 길을 적기에 열고 지혜롭게 받아들인 출발점이 있었음을 간과할 수는 없다.

　농촌 계몽운동과 사회적 이슈에 대하여 직·간접적인 활동의 지원과 배경이 되어 준 것이 선교사와 선교단체 또는 교회이었다. 4H 운동, 6·10 만세운동, 3·1 만세운동, 물산장려운동 등 많은 사회운동은 국가의 지도자들과 함께 많은 젊은이가 국가적 운동으로 확산하는데 앞장선 결과이다. 이 과정에서 선교사의 제자들이 많이 참여함으로써 자연히 선교사들이 그 준비나 진행 등의 여러 과정에 직·간접적으로 관여하게 된다.

아주 단기간에 민주주의의 사회와 문화적인 경쟁력을 가지게 된 것은 선교사들이 이런 건전한 사회·문화적인 씨앗을 뿌리면서 우리의 잠재력이나 전통에 대해 객관적으로 인정하고 독려한 것이 출발점이 되었다. 이를 받아들인 젊은이들이 자신감과 지혜로 접목하여 풍성한 결실을 얻은 것이다. 물론 이 외에도 다양한 혁신과 엄청난 노력이 더해졌기에 가능한 과실이지만 좋은 토양에 알맞은 씨 뿌림이 무엇보다 중요한 요소로 작용했음은 분명해 보인다.

서양 문화의 정수인 발레, 피아노에서도 세계적인 경쟁력을 가지는 우리의 위상이 한류나 K-pop에 한정되지 않고 K를 앞에 붙여 K-Food, K-Fashion 등도 전혀 어색하지 않은 것은 청년문화의 장이 선교사들의 씨앗에서 자라 결실을 이루고 새로운 씨앗을 잉태할 정도로 성숙하였음을 보여준다고 믿고 싶다.

5. 자립경제와 자립정신의 모형

폐허에서 일어서기

원조받던 나라에서 원조를 주는 나라로 발전하여 한강의 기적이라고도 하는 우리나라의 경제발전은 세계를 놀라게 하였다. 자원이나 자본이 풍부하지도 않고 한국전쟁 이후에는 반도국가의 형태에서 섬나라의 형편이 된 상황에서 이루어 낸 성과이니 더 값지게 느껴진다. 전후 성공적 극복을 이루어 낸 독일이나 일본과는 비교할 수 없다. 이 국가들은 전쟁을 일으킬 역량을 가진 출발점이 있었지만, 우리나라는 유약하여 침탈당한 나라를 겨우 되찾은 출발이었다.

이런 출발로 비틀대는 5년 만에 전쟁이 발발하여 국토의 극히 일부만 제외하고 완전히 폐허가 되어 버렸다. 전쟁이 끝난후에 산업은 고사하고 국민의 생활조차 미국의 원조로 연명해야 했다. 미국의 경제 상황이 나빠져서 원조가 아닌 차관으로전환하여 지원받은 지 70여 년이 지난 지금은 국민 1인당 GDP가 3만 불을 넘었고 인구 5,000만 명의 경제부국의 위상을 이룩했다. 이른바 30-50 클럽의 대열에 들어선 것이다. [23]

---

23) 1인당 국민소득 3만 달러 이상, 인구 5,000만 명 이상의 조건을 만족하는 세계의 7개 국가

아직은 독일이나 일본과 동일한 수준이라고 표현하기에는 무리수가 있다. 그렇지만 이런 대열에 이른 전후 복구 나라들과 비교할 때, 전쟁 이전의 침략 역량을 가진 나라와 힘없이 침범 당한 나라의 출발점이 달랐다. 전쟁 후의 상황도 일본과 독일이 전쟁 말기에 연합군의 폭격으로 부분적으로 심각한 폐허가 되 었다면 우리의 경우는 국토의 양극단을 제외한 온 국도가 공격 과 수복이 덧칠된 초토화 그 자체였다. 이런 일어서기는 비교의 대상이 되지 않는 성과이기에 우리 선조와 도움을 준 국가를 향 해 박수와 감사를 보내기에 충분하다.

경제 및 문화 선진국이 되는 과정

우리나라 1900년 대의 경제 수준이 필리핀보다 낮은 수준이 었기에 지금의 세계 10위 전후의 경제 위상을 이루는 과정도 그 리 쉬운 것은 아니었다. 원조 경제 체제로 시작하여 근대적 산 업으로 삼백산업이 출발선이 되었다.[24] 1960년대 초에 기술관 료 중심의 개발계획도 세웠으나 실행되지 못하였고 1960년대 말에 경공업 중심의 1, 2차 경제개발 5개년계획을 추진하여 발

─────────────

24) 삼백산업(三白産業)은 제분, 제당, 면방직 산업을 뜻하는데, 제품들이 흰색으로 붙여진 별명

전의 발판을 마련하였다. 그 이후에 베트남 전쟁의 특수를 이용하여 수출 주도형 중공업으로 도약을 추진하다가 오일쇼크로 어려움을 겪기도 하였다.

　수출과 건설업의 중동 진출이 계기가 되어 국민 생활 수준이 향상되기는 하였으나 도시집중과 농촌의 피폐에 더해서 산업 불균형과 특정 산업 의존도가 높은 그림자가 드리워졌다. 금융 시장을 개방하고 3저 호황(원유, 달러, 금리)으로 조선과 정유 산업의 경쟁력으로 성장을 지속하다가 IMF라는 극악의 상황도 닥쳤으나 자립과 근면 정신으로 조기 극복한 역사도 놀랍다.

　근래에는 반도체와 자동차를 중심으로 세계적 경쟁력을 가진 산업들이 견인하는 산업 선진국으로 도약하여 근대 이후에 가장 모범적인 발전 과정을 거친 우수 국가의 위상을 눈앞에 두고 있다. 아직도 우려되는 요소도 많고 무역의존도가 너무 높고 해외 자본이나 특정 산업에 의존하는 현상 등이 있기는 하지만 경제지표에서는 거의 선진국에 진입했다고 할 수 있다.

　매우 열악한 상황에서 경제적 성장만이 아니라 사회·문화적으로도 이룩한 성과는 괄목할 만하다. 불과 70여 년의 민주주의 역사로 안정적 정권교체와 여성 대통령, 심지어 대통령 탄핵 극복이라는 수준 높은 민주화를 이루어 내었다. 경제적 사회적 경쟁력에 이어 문화적 성과도 한류의 세계적 전파와 아시아 최초의 여성 노벨문학상 수상자를 내는 개가를 올렸다.

자립정신, 사회문화 변화의 그루터기

이렇게 단시간에 경제발전을 이루고 민주사회를 정착시키며 문화적 경쟁력을 확보한 원동력은 무엇이었을까? 물론 어느 한두 사람이나 몇 번의 시도로 이루어지지는 않았을 것이다. 기저에 흐르는 근면성과 자립정신이 있었기에 지도력이나 계획이 결실로 이어질 수 있었음이다. 이제는 자긍심까지 더해져서 우리의 경쟁력이 한층 더 높아졌다고 생각된다.

폐허에서 일어서는 근본의 정신과 이루어 냈음의 자긍심이 뭉쳐진 우리의 걸음을 헤아려 볼 필요가 있다. 반도 국가로서 그 기상을 펼치면 강대국으로 나아갈 수 있으나 그러지 못하면 침략의 대상으로 전락하는 지정학적 상황은 다소 다혈질적이고 변화에 잘 적응하는 민족성을 타고났다고 할 수 있다.

그 이전의 시대에 역사적 맥락이 어떠했던지가 중요하지 않고 강대국의 침략야욕이 불붙던 시기의 근대화의 변화를 어떻게 겪었는지가 현재의 위상을 이루는 핵심 요소이다. 기독교 선교의 시작이 19세기 말부터 20세기 초까지인 우리나라의 근대화 시기와 거의 동일하다. 이 시기에 선교사들이 주목했던 분야가 지금 우리나라가 경쟁력으로 이룬 대표적인 분야가 되었음을 간과할 수 없다.

앞에서 많이 언급되었던 선교사들이 펼친 인권 존중과 평등 사상은 온 백성을 새롭게 태어나게 하였다. 양방향의 토론형 교육문화는 자립과 애국 사상을 공유하는 새 장터가 되었다. 선교사들이 먼저 인식하고 함께 공유하는 우리 문화의 자긍심과 깨우침도 세계화와 세계 속의 우리를 아는 새로운 열림도 살펴보았다. 아주 미미해 보이지만 빼놓을 수 없는 것이 가난이나 불행한 환경을 딛고 일어서는 자립정신을 길러 자신과 민족을 책임지는 새 힘을 심었다는 것이다.

자립정신과 새길을 개척하는 능력을 길러준 선교사들의 이끎을 살펴보자. 선교사들이 설립한 학교의 학생들은 집안이 넉넉지 않았다. 그래서 학생들이 자신의 생활과 학업을 위해서 선교사를 돕거나 다른 일을 하며 공부하는 형태가 많았다. 이런 과정을 거친 젊은이들이 나라와 민족을 위해 헌신 봉사하는 역할을 이음으로써 다음 세대의 길닦이가 이어진 것이다.

그 대표적인 예가 우리나라의 최초 여자 양의가 된 박에스더로 로제타 선교사의 통역과 의료보조를 하며 공부하였다. 미국에서 의사 자격을 얻은 후 귀국하여 선교사로부터 배운 사랑을 나누고 국가와 민족을 위해 헌신하며 자신보다 환자를 더 사랑하고 희생하는 의사의 본을 남겼다.

한글 근대화의 선각자 주시경 선생은 서당에서 한문을 공부하던 사람이었다. 오히려 외국인이 한국인들에게 한글을 가르치는 헐버트 선교사를 만나 삼문출판사에서 일하면서 배재학당에서 공부했다. 한글의 우수성을 더욱 깊이 깨닫고 서양 언어의 문법을 접목하면서 독립신문을 통해 한글의 대중화에 앞장서는 기회를 얻게 된다. 후에는 한글의 과학적 체계와 표준화를 이루는 개가를 올렸다.

　단순히 신앙전파와 교육에 머무르지 않고 자립과 자존의 길을 열어 준 뿌림은 그 결실을 짐작하기 어려운 엄청난 씨를 심어준 것이다. 당연히 기본적인 문화적 토양과 자질이 있었음은 분명하지만 깨달아 피우지 못하는 현실의 껍질을 비집고 나와 비상하는 계기를 제공해 준 셈이다. 그리고 더 중요한 것은 깨우쳐 줌에 머무르지 않고 더 높은 곳을 향해 나아갈 수 있도록 이 성숙을 인정해서 함께 걸어준 선교사들의 삶이 더 고개를 숙이게 한다.

6. 낯선 만남이 남긴 메아리

우리는 지금까지 선교사들이 의도적 낯선 만남으로 선택한 조선 땅에서의 삶과 그 과실, 그리고 또 다른 뿌림이 되어 더 알차게 영글어 맺은 것들을 살펴보았다. 이것들은 그들이 삶을 통하여 또는 생을 마치면서도 이루어지기를 소망하던 것들이었다. 당연히 이 씨 뿌림이 하늘나라의 소망으로 이어지는 것이 가장 우선적인 과실이지만, 이 땅에서 새 빛을 서로 나누고 사랑으로 하나 되어 최종의 결실로 나아가는 하늘나라의 모형을 실현하는 것도 그들의 바람이었을 것이다.

선교사들이 선교지의 백성들과 서로 사랑을 나누며 소통하면서 맺은 열매들을 Practopia라는 창을 이용하여 조망해 보았다. 그런데 이들이 이룬 Practopia는 여기에서 열매 맺음이 멈춘 것이 아니다. 삶과 희생은 대를 잇고 얼을 이어받으며 계속되고 있다. 후손들이나 이음의 연속선상에 있는 사람과 교회 및 단체에 의해 지속적인 열매가 이어지고 있다.

특히 그들의 삶 속에서 나누었던 언어나 남겨져서 전해진 말들은 물론 다른 이들에게서 들었던 별명이나 칭송과 추모하는 과정에서 다시금 되뇌어졌던 상징적 언어나 성구가 또 다른 울림으로 이 땅에 메아리로 남아 영향을 끼치고 있다. 이런 내용이 대부분 영어로 된 문장이기에 젊은이들에게 더 가까이 들려주기 위해 의미와 배경을 담아서 이 장에서 정리해 보았다.

우리보다 우리나라를 더 사랑한 마음

헐버트(Homer Bezaleel Hulbert, 1863-1949)

미국 감리교회 선교사이며 사학자이며 7개 국어를 구사하는 언어학자이기도 하다. 고종을 도와 대한제국 말기 국권 수호를 적극적으로 도왔던 독립운동가로서 건국훈장이, 교육과 문화에 기여한 인물로 문화훈장이 추서되었다. 별명이 '한국인보다 한국을 더 사랑하는 외국인 선교사'이었는데 추방당하여 미국에서 해방 소식을 들었고 1949년 한국 정부의 초청으로 광복절 기념식에 참가하기 위해 출발하기 전에 만류하는 사람들에게 남긴 말이 유언처럼 되어 우리의 가슴에 메아리를 남겼다.

A foreign missionary who loved Korea more than Korean(did).

한국인보다 한국을 더 사랑한 외국인(선교사).

I would rather be buried in Korea than in Westminster Abbey.

나는 웨스트민스터 성당보다 한국 땅에 묻히고 싶다.

캔드릭(Kendrick, Ruby Rachel, 1883-1908)

텍사스 엡윗청년회의 후원을 받아 감리교 선교사로 내한하여 활동하였다. 우리나라에서 선교한 기간이 1년 미만의 아주 짧은 기간이었다. 송도(개성)에서 교사로 시작된 그녀의 선교 활동은 아침 기도회 인도, 영어교육, 아픈 아이 간호 등 자기의 몸을 돌볼 시간이 없는 바쁜 일정이었다. 25세의 젊은 나이에 자기의 생도, 선교 여정도 멈추었다. 평소에도 "한국에서 나의 사역이 너무 짧게 끝나면, 나는 보다 많은 조국의 젊은이들에게 이곳에 와 달라고 부탁하고 싶다"고 말하여 마치 자기의 죽음을 미리 아는 듯한 자세로 최선을 다하였다. 가족이나 지인에게 썼던 편지의 내용으로 알려진 그녀의 조선 사랑의 마음이 가슴에 내려앉는다.

If I had a thousand lives to give, Korea should have them all.

만일 내게 천 개의 생명이 있다면, 모두 조선을 위해 바치리라.

위더슨(Mary Ann Widdowson, 1898-1956)

스코틀랜드에서 태어나서 부모님과 함께 남아프리카공화국으로 이민 가 그곳에서 구세군 사관이 되어 남아공 선교사로 분류된다. 결혼한 후 1926년에 남편과 함께 한국 선교사로 파송되었다. 서울 변두리의 고아원에서 생활하였는데 아들과 함께 고아들과 지내면서 전염병이나 환경문제 때문에 많은 어려움을 겪었다. 아프리카 케냐로 파송되어 우리나라를 떠났다가 아직 전쟁이 끝나지 않은 1953년에 한국으로 다시 돌아와서 구세군의 재건과 고아 돌보기에 온 힘을 기울였다. 재입국한 지 3년 만인 1956년에 위암에 걸려서 하나님의 부르심을 받게 되는데 별세하기 전에 남편에게 남긴 유언이 선교사의 우리나라 사랑이 얼마나 컸는지 알려 준다.

Today I feel infinite joy in going to God in Korea.

(나는 어린 양의 피로 구속이 되었습니다. 이것을 늘 기억하십시오. 내가 죽는다고 서러워 말고 하나님께 영광을 돌리십시오.)

오늘 나는 한국에서 하나님께로 가는 것을 무한한 기쁨으로 생각합니다.

윌리엄 해밀턴 쇼(Shaw William Hamilton, 1922-1950)

우리나라 군종 제도를 신설한 주역인 얼 쇼 선교사의 아들로 한국에서 태어나 자랐다. 그래서 한국을 고향으로 생각하며 일생을 살았다. 미 해군에 입대하여 2차 세계대전에 참여하였고 1947년에는 미군정청의 한국 근무를 자원하

여 해군사관학교 교관으로 초창기 한국 해군 지휘관 양성
과 해사 및 해군의 기틀을 세우는 데 많은 역할을 하였다.
전역 후 하버드대학교에서 박사과정에 있던 중 한국전쟁이
발발하자 미 해군에 재입대하여 인천상륙작전에 참여하고
서울수복 전투(녹번리)에서 전사하였다. 재입대하여 한국전
쟁 참여를 결심한 그의 편지 내용은 우리의 머리를 숙이게
한다.

My conscience does not allow me to go to Korea as
a missionary after the war without helping Koreans
suffering from the pain of war.

전쟁의 고통에 신음하는 한국인을 돕지 않고 전쟁이 끝난 뒤 선
교사로 한국에 간다는 것은 양심이 허락하지 않는다.

Greater love has no man than this, that a man lay down
his life for his friends.

사람이 친구를 위하여 목숨을 버리면 이보다 더 큰 사랑이 없나
니(요 15:13).

한국 땅에 묻히고 싶은 간절함

벙커(Dalziel A. Bunker, 1853-1932)

우리나라 최초의 근대적 국립 교육기관인 육영공원의 교사로 내한한 후 40년 동안 교육 선교사로 헌신하였다. 1894년에 육영공원이 폐쇄되자 배재학당으로 옮겨서 교사와 학당장을 역임하였다. 주입식 교육이 아닌 공개적 토론 방식의 교육방식을 도입하고 물리학, 수학, 정치학 등의 새로운 교과도 채택하였다. 그는 복음 전도와 교회 연합운동에도 적극 참여하여 옥중회개의 성과도 올리고 젊은이들의 독립운동에도 도움을 주는 활동을 펼쳤다. 은퇴 후에 미국에서 별세하였는데 한국 땅에 묻어 달라는 유언에 따라 아내에 의해 양화진에 안장되었고, 아내인 애니 앨러스도 남편을 묻고 본국으로 귀국하지 않고 한국에서 별세하여 함께 누워있다.

Until the Day Dawn the Shadows Flee Away.

날이 새고 흑암이 물러갈 때까지.

Please bury my ashes(at least my remains) in Korean soil.

나의 유골이나마 한국 땅에 묻어 달라.

캠벨(Josephine Eaton Peel Campbell, 1853-1920)

중국에서 선교사로 10년간 봉직하고 한국의 선교사로 와서 배화학당을 세우는 등 다양한 선교사업을 펼쳤다. 학당 내에 루이스 워커 예배당을 세워 예배를 드렸는데, 이 예배 모임이 종교교회와 자교교회의 모체가 되었다. 안식년으로 미국에 가서 조선에 낙농업을 보급하는 준비와 선교비 마련 등의 일로 과로하여 신병을 얻어 입원하게 되었다. 빨리 선교에 복귀하기 위해 병이 완전히 낮지 않았는데도 퇴원하여 내한하였다. 결국, 병세가 악화하여 별세하였는데 그녀가 만류하는 사람들에게 남긴 말이 묘비에 기록되어 선교사의 마음을 그대로 대변한다.

Since I devoted myself to Joseon, it is right for me to die in Joseon.

내가 조선에서 헌신하였으니 죽어도 조선에서 죽는 것이 마땅하다.

아펜젤러 핸리 닷지(Henry Dodge Appenzeller, 1889-1953)

배재학당의 설립자인 아펜젤러 선교사의 둘째로 한국에서 태어나서 유년기를 한국에서 보냈다. 미국에서 공부를 마치고 한국에 돌아와 배재학당의 제4대 교장이 되어 학교의 많은 발전을 꾀하였다. 일제에 맞서서 학교를 운영하고 독립운동하는 젊은이를 지원하다가 1940년 일제에 의해 강제 추방되었다. 6·25 전쟁 중에는 기독교세계봉사회 한국위원회 책임자로 구제 사역을 총괄하며 폐허와 고통의 아픔을 치유해 주었다. 과로로 건강이 악화하여 귀국한 후 뉴욕에서 사망하였다. 조선을 위해 살다가 사고로 묘역조차 없는 아버지를 위해 한국에 묻어 달라는 그의 유언은 많은 생각을 하게 한다.

Please bury me in Korean soil and let them know how much my father loved the Korean people.

나를 한국 땅에 묻어 주고 아버지께서 조선인들을 얼마나 사랑하셨는지 그들로 하여금 알 수 있도록 해 달라.

삶이 남긴 여운

무어(Moor, Samuel Forman, 1860-1906)

지금 소공동 롯데호텔이 들어선 자리에 곤당골 교회를 세우고 가난한 아이들을 위한 학교도 세웠다. 애비슨 선교사와 함께 백정해방운동을 펼쳐서 평등사회의 지평을 여는 데 앞장섰다. 묘비에는 선교사의 삶을 고스란히 드러내는 문구가 새겨져 있다.

(영어) Devoted servant of Jesus Christ, Beautiful in Character and spirit.

그리스도의 충복, 아름다운 인격과 정신의 소유자.

(한글) 조선 인사를 사랑하였고 그들을 예수께로 인도하기를 원하였나이다. 저희 수고를 그치매 그 행한 일이 또한 따르나이다 (계 14:13).

윌리엄 제임스 홀(Hall, William James, 1860-1894)

윌리엄 제임스 홀 부부(부인 로데타 홀)와 아들 내외(샤우드 홀, 매리언 버텀리) 모두 의사로서 우리나라 의료선교의 모범을 보인 가족이다. 청일전쟁으로 평양이 폐쇄되었으나 자진하여 평양에 들어가서 환자를 돌보다가 부인과 2자녀를 남겨둔 채 34세의 나이로 하나님의 품에 안겼다. 묘비에는 성경 롬14:8이 새겨져 있는데 그의 삶과 너무나 일치되는 말씀으로 우리를 맞는다.

Whether we live, or die, we are the Lord's.

사나 죽으나 우리는 주의 것이로다(롬 14:8).

허스트(Hirst, Jessie Watson, 1864-1952)

세브란스병원에서 30년간 근무하여 병원은 물론 우리나라

의학 발전에 큰 공을 세운 선교사이다. 후에 세브란스 병원장을 맡았고 부인 새디 허스트 선교사는 송도 선교의 개척자이며 문서선교의 선구자로 알려져 있다. 1907년에 결혼한 후에 새디 선교사도 세브란스병원 간호학교의 교사로 헌신하였다. 자녀들이 부모들을 보내는 애잔한 마음이 묘비에 새겨져 있다. 묘역에는 새디 선교사를 추모하는 자녀들의 마음이 새겨져 있다.

Her Children rise up and call her blessed.

그녀의 자녀들이 그녀의 축복을 기리다.

밀러(Miller, Frederick S., 1886-1937)

충청도 선교의 아버지라고 불린다. 서울에서 12년 충청도에서 30년 선교하였다. 충청지역 선교책임자가 되어 청주읍교회 등 많은 교회를 개척하였고 청남학교 등 6개의 학교를 설립하였다. 충청지역 선교를 선택하게 된 동기가 첫째 부인과 두 자녀를 잇달아 잃게 된 서울을 벗어나고 싶었기 때문이었다고 한다. 양화진에는 그의 첫째 부인과 두 자녀가, 청주 일신학교 교정에는 밀러 선교사와 둘째 부인이 묻혀 있다. 파란만장한 삶 속에 역사하심이 느껴지는 아주 간략하지만, 많은 것을 함축하고 있는 한마디가 새겨져 있다.

In Jesus.

예수 안에서.

앤더슨(Antherson, Lillian E. B., 1892-1934)

대학원을 졸업하고 일본 선교사로 자원하였으나 한국 선교
사로 결정된 남편인 앤더슨과 결혼함으로써 한국 선교사로
오게 되었다. 앤더슨 부부 선교사는 안동 선교의 기틀과 체
계를 형성한 선구자이다. 남편 앤더슨은 지금의 남선교회
가 된 '면려회'를 최초로 시작하였고 부인 릴리안은 '안동
여성성경학원'을 시작한 선각자이었다. 특히 앤더슨 부인
은 절대 화내지 않는 부인이란 별명을 얻었는데 7개월 된
딸을 잃은 때에도 다시 만날 것을 확신하고 슬퍼하지 않았
다고 한다. 그 별명과 잘 어울리는 말로 추모하는 비문이
그녀의 삶을 읽게 한다.

Woman who never gets angry.

절대 화내지 않는 부인.

Till He Comes.

예수 오실 때까지.

더글러스 애비슨(Avison, Douglas B., 1898-1952)

우리나라 근대의학 발전에 혁혁한 공을 세워 잘 알려진 애비슨 선교사의 넷째 아들이다. 어머니가 임신한 상태에서 선교사로 내한하여 부산에서 출생하였다. 아버지를 이어 세브란스의 제7대 병원장으로 재임하여 의료계와 병원의 성장에 기여하였다. 캐나다에서 소천하였으나 생전의 소원대로 화장한 후에 양화진에 안장됐다. 그 묘역에 아버지 애비슨의 기념비가 서 있는데 애비슨 가족들이 우리에게 내민 손길을 보여주는 성경 구절이 묘비에 새겨져 있다.

In as much as you have done it unto one of the least of these my brethren, ye have done it unto me. (Whatever you did for one of the least of these brothers of mine, you did for me) 너희가 여기 내 형제 중에 지극히 작은 자 하나에게 한 것이 곧 내게 한 것이니라(마 25:40).

베델(Ernest Thomas Bethell, 1872-1909)

'대한매일신보'를 창간하여 조선의 항일 운동에 지대한 영향을 준 영국 출신 언론인이다. 런던 '데일리크로니클'의 특파원으로 러일전쟁을 취재하기 위해 대한제국에 왔다. 일본의 침략과 만행을 보고 기자직을 사직하고 양기탁과 함께 '대한매일신보'와 '코리아 데일리 뉴스'를 창간했다. 이 신문이 을사조약이 무효라는 주장과 항일 사상 고취에 앞장 서자 일본의 탄압이 시작되었다. 수단 방법을 가리지 않는 탄압에 시달리다가 1909년 심장비대증으로 사망하였다. 그가 죽으면서 부탁한 유언은 우리의 가슴에 뜨거운 무엇을 안긴다.

Even if I die, let DaeHan Maeil Shinbo live forever and save the Korean people.

나는 죽더라도 대한매일신보는 영생케 하여 대한 민족을 구하시오.

엘리슨(Ellison, Milbra Kathryn, 1909-1990)

양화진에 세운 묘비에 아주 간략하지만 멋지게 일생을 추모한 묘비가 있는데 묘역의 주인에 대해서 어떤 기록도 없어서 안타까운 마음을 자아내게 한다. 엘리슨의 자녀들에 의해 추모된 내용으로 묘비에 거짓을 쓰지 않았을 것으로 짐작되지만 내한 선교사 총람에도 기록이 없고 교단이나 내한 기간 등의 확인할 자료가 전혀 없다. 모두의 친구로 왔다 간 흔적으로….

Christian, Mother, Missionary, Friend to All.

그리스도인, 어머니, 선교사, 모두의 벗.

선교 결실의 울림

웰본(Welbon, Arthur G., 1866-1928)

웰본 선교사는 내한하여 1년 후에 이미 간호 선교사로 조선에서 선교하던 사라와 결혼하게 된다. 결혼 후에 부부가 함께 의료선교와 함께 말씀 선교를 병행하는 선교에 전념하여 원주와 경상지역 북부 선교를 개척하였다. 웰본 선교사는 이곳의 활동도 그랬지만 그 전에 북한의 여러 곳에서 선교할 때도 산간오지에 복음을 전하는 '길 위의 전도자'로 불렸다. 모든 계층을 초월하여 복음을 전하였고 조선인 조사나 영수와 함께 사역하여 효율적인 성과를 올리는 개가로 칭송받는 선교사이다.

Evangelist on the road.

길 위의 전도자.

The ministry in Andong was the most successful missionary work compared to the amount of money and manpower invested.

안동에서의 사역은 자금과 인력이 투입된 것과 비교해 볼 때 가장 성공적으로 선교가 이루어 진 것이다.

아펜젤러 헨리(Henry Gerhard Appenzeller, 1958-1902)

우리나라 최초의 선교사로서 감리교의 초석을 만들고 배재학당을 세웠다. 그러나 선교 17년 만에 성경번역위원회 회의 참석 출장 중에 배충돌 사고로 순직했다. 우리나라 선교의 시작일인 1885년 4월 5일이 그 해의 부활주일인데 장로교 최초의 선교사인 언더우드와 함께 제물포항에 도착하여 드린 기도가 아들 묘역 옆에 세워진 기념비에 새겨져 있다.

We came here on Easter morning. May the Lord, who overcame the power of death that day, break the bonds that bound these people and give them freedom and light as children of God.

우리는 부활절 아침에 이곳에 왔습니다. 그날 사망의 권세를 이기신 주께서 이 백성을 얽어맨 결박을 끊으사 하나님의 자녀로서의 자유와 빛을 주옵소서.

앨리스 아펜젤러(Appenzeller, Alice, 1855-1950)

한국에서 태어난 최초의 서양 아이, 즉 최초의 선교사 2명 중 1명인 아펜젤러의 딸로서 내한 당시에 어머니가 임신 중이었다. 미국에서 교사로 일하다가 30세에 감리교 선교사로 한국으로 돌아왔다. 평생을 조선의 여성 권익 신장과 교육에 헌신하였고 이화학당을 대학급으로 성장시키는 주역이었다. 우수한 학생을 선발하여 외국 유학을 하게 하고 자신의 후임으로 한국인 김활란 박사를 학교장직에 세우는 결정도 하였다. 채플을 인도하다가 하나님의 부르심을 받은 그녀의 삶에 어울리는 성경 구절이 묘비에 새겨져 있다.

No to be ministered unto, But minister. (Did not come to be served, but to serve.)

섬김을 받으려 함이 아니라 도리어 섬기려 하노라(막 10:45).

헤론(Heron, John W., 1956-1890)

헤론 선교사가 1890년 소천하여 양화진에 최초로 묻혀서 외국인 묘지가 형성되었고 오늘의 '양화진외국인선교사묘원'이 되었다. 테네시 의대 졸업과 동시에 모교의 교수로 초빙받은 수재로 촉망받는 평안한 길을 선택하지 않았다. 조선 선교사의 길을 선택하여 제중원 2대 원장에 재임하면서 제중원은 물론 우리나라 의료 체계 안정화에 기여하였다. 자신의 마지막 장을 넘기며 부인에게 남긴 말이 너무 놀라울 뿐이다.

There is a lot of work to be done on this land, so please do more missionary work for Joseon even if I leave.

이 땅에 해야 할 일이 많으니 내가 떠나더라도 조선을 위해 더 선교해 주세요.

The son of God Loved me, and Gave himself for me.

하나님의 아들이 나를 사랑하사 자신을 내게 주셨다(갈 2:20).

토프트(Toft, James, 1865-1928)

한국 구세군 5대 사령관으로 부임하였으나 부임 2년 만에 순직했다. 내한하자마자 전국 구세군 교회를 방문하고 선교를 독려하는 의욕적 선교 활동을 펼쳤다. 부임 첫해에 구세군 내에서 외국인 사관과 한국인 사관의 차별된 처우로 시작된 갈등이 분규로 확대되고 세계 사령관이 내한한 집회에서 표출되면서 큰 고초를 겪는다. 이 충격의 여파인지 건강이 악화하여 숨을 거두고 양화진에 안장됐다. 묘비에도 이런 아픔이 서린 선한 싸움이….

I have foungt the good fight, I have finished the course, I have kept the faith.

나는 선한 싸움을 싸우고 나의 달려갈 길을 마치고 나의 믿음을 지켰다(딤후 4:7-8).

리처드 윌리엄(Richards, Williams, 1878-1920)

영국 런던 출신 구세군 사관으로 봉직하다가 천연두에 걸려 사망하여 양화진에 묻혔다. 한국의 여성 사관 육성과 고아원 운영 등의 구제 사업에 공헌하였다. 길거리를 배회하는 고아들을 고아원으로 데리고 와서 돌봐 주었는데 이미 천연두에 걸린 아이가 있었던 것이다. 선교사들과 가족은 물론 고아원 전체가 천연두의 위험에 빠졌다. 먼저 간 아이들의 장례식을 집례하던 본인도 하나님의 부름을 받았다. 그의 삶이 아주 명료하게 묘비에 새겨져 있다.

Duty done-Victory won.

직무완성, 승리획득.

베어드 주니어(Baird, William M. Jr., 1897-1987)

아버지 베어드 선교사가 숭실 학당을 세웠고 어머니 애니 베어드 선교사는 한글 찬송가 편찬에 기여하였다. 특히 우리에게 잘 알려진 '멀리 멀리 갔더니' 찬송의 작사로 잘 알려져 있다. 베어드 주니어는 평양에서 어린 시절을 보낸 후 미국에서 성장하였다. 부모를 이어 한국에서 성경 전파와 교육 선교에 헌신하다가 일본의 추방으로 멕시코 선교사로 사역을 옮겨야 했다. 미국에서 소천하여 양화진에 안장되었다. 어떤 환경에서도 자신의 길을 지켰던 가족들을 잔잔히 찬양하는 듯하다.

Give God the Glory-I have finished the race, I have kept the faith.

하나님께 영광, 나의 달려갈 길을 마치고 믿음을 지켰으니.

언더우드 1세(Underwood, Horace Grant, 1859-1916)

최초의 장로교 선교사로 감리교 아펜젤러 선교사와 함께 개신교 선교 최초 2인의 1명이다. 새문안교회 창립, 경신학교 설립, 연세대학교 설립, YMCA 창설, 선교 독려 활동 등 우리나라의 기독교 선교의 초석과 토대를 만든 선교사이다. 그의 가족, 4대에 걸친 7명이 양화진 가족묘역에 안장돼 있다. 자신은 인도 선교사로 갈 준비 중이던 시기에 조선 선교사로 지원하는 사람이 없었는데 담임 목회의 청빙을 뿌리치고 조선으로 향하는 계기가 된 음성이 들린다.

Why don't you go to Joseon?

왜 너는 조선으로 가지 않느냐?

언더우드 2세(Underwood, Horace Horton, 1890-1951)

조선에서 태어나서 유년 시절에는 한글 이름(원한경)을 쓰고 조선 아이처럼 생활하였다. 미국에서 공부하고 내한한 후 연세 대학교 3대 총장을 역임하였다. 3.1 운동 당시의 폭압 정치를 세계에 알렸고 제암리 사건을 직접 조사하여 규탄한 것으로 유명하다. 그의 신념이 묘비의 성경 문구로 드러난다.

Take unto you the whole armor of God, that ye may be able to withstand in the evil day and having done all, to stand.

하나님의 전신갑주를 취하라 이는 악한 날에 너희가 능히 대적하고 모든 일을 행한 후에 서기 위함이라(엡 6:13).

언더우드 3세(Underwood, Horace Grant Jr., 1917-2004)

연세대학교와 새문안교회를 세운 할아버지와 이름이 동일하다. 서울에서 태어나 10대 중반까지 지내다가 미국에서 공부하고 한국의 교육선교사로 일했다. 일본의 강제 추방 후에 미 해군에 입대하여 한국으로 와서 군정청 교육 처장으로 서울대학교 개편과 한국 교육제도 마련에 동참하였다. 특히 제대해서 교수직에 복직하였으나 한국전쟁이 발발하자 미 해군에 재입대하여 인천상륙작전과 정전협정에 참여하였다. 그가 품은 삶의 근본이 묘비에 성구로 새겨졌다.

Finally brethren, whatsoever things are true, honest, just, pure, lovely, good report, if there be any vitue or praise, think on these things.

종말로 형제들아 무엇에든지 참되며 경건하며 옳으며 정결하며 사랑할 만하며 칭찬할 만하며 무슨 덕이 있든지 무슨 기림이 있든지 이것들을 생각하라(빌 4:8).

터너(Turner, Arthur B., 1862-1910)

성공회 2대 주교와 한국 YMCA 회장을 역임하면서 성공회 교세 확장과 YMCA의 기틀을 다지는 역할을 담당하였다. 특히 교회의 자립을 주창하여 선교사가 세운 교회들이 안정적으로 성장하는 동력이 되게 하였다. 젊은이들에게 최초로 축구를 소개하여 건전한 여가문화의 장을 열어 주기도 하였다. 평소의 선교에 대한 열정과 젊은이에 대한 사랑이 추모 성구에 담겨있다.

Shew Thy servants Thy Work and Their Children, Thy Glory. (May your deeds be shown to your servants, your splendor to their children)

주께서 행하신 일을 주의 종들에게 나타내시며, 주의 영광을 그들의 자손에게 나타내소서(시 90:16).

소다 가이치(Soda, Gaich, 1867-1962)

한국인 고아 천 명 이상을 돌보아서 고아의 자비로운 아버지라는 별명을 얻은 인물이다. 젊은 시절 자신이 죽을 지경에 놓였을 때 자신을 살려 준 사람이 조선인이라는 사실을 알고 난 후에 한국 YMCA의 일본어 교사로 내한하였다. 월남 이상재의 전도로 예수를 믿고 개신교 신자이자 영어 교사인 우에노 다키와 결혼한 후에 새로운 인생을 시작하였다. 독립운동을 하는 젊은이들의 석방 운동을 펼치고 보육원을 개설하여 고아들을 돌보았다. 죽음도 한국 고아원의 고아들 사이에서 맞았다.

An orphan's merciful father. 孤兒의 慈父.

고아의 자비로운 아버지.

추모의 말씀

채핀(Chaffin Victor. D, 1881-1916)

18세 때 중생 체험을 한 후 전도자의 사명을 품고 있다가 부인과 딸, 처제와 함께 내한하여 선교를 시작하였다. 선교사로서 결코 빛남이 없는 자리에서 3년간 사역하다가 과로로 사망해 양화진에 안장됐다. 부인 안나 선교사는 한국 여성

신학교육과 농촌 발전을 위한 교육에 매진했다. 1931년 14명의 외국인 감리교 여성목사안수식의 한 명이었다. 채핀이 성경책에 썼던 글귀가 묘비에 새겨졌는데 성경에 대한 그의 신념을 그대로 밝혀준다.

This book will keep you from sin. Sin will keep you from this Book.

이 책은 그대를 죄로부터 떨어지게 할 것이다. 죄는 그대를 이 책으로부터 떨어지게 할 것이다.

베어드(Baird, William M, 1862-1931)

숭실대학교와 숭실고등학교의 전신인 숭실학당을 설립하였다. 미국에서 소형교회 목회와 멕시코 청년 대상 미션스쿨 학장을 맡아 종사하다가 조선의 선교사로 내한하였다. 부산과 대구 등 경상도 지역에서 폭넓은 선교 활동을 벌이다가 서울을 거쳐 평양으로 선교지를 옮겨서 숭실학당을 설립하게 되었다. 선교사 부부의 묘는 평양에 있는 것으로 추정되며 양화진에는 두 아들이 안장되었고 선교사의 기념비가 아들의 묘역에 세워졌다. 학생들에게 실질적으로 국가와 사회에 유익이 되는 사람이 됨을 강조한 마음이 묻어있는 성구가 기념비에 새겨져 있다.

More than conquerors thru Him that loved us.

우리를 사랑하시는 이로 말미암아 우리가 넉넉히 이기느니라(롬 8:37).

* 묘비나 십자가에 새겨진 의미

R.I.P. - 많은 묘비에 새겨져 있음

Rest In Peace - 편히 잠드소서

* 스트랜튼 선교사 묘역 십자가 중앙에 새겨진 문양

IHS - 예수를 뜻하는 모노그램의 줄임 형태

그리스어 $IH\Sigma OY\Sigma$ 또는 IHCOYC_로마자로는 IHSOVS로 표기

스트랜튼 선교사 묘비(IHS)

에필로그

미래지향적 기독교 문화의 장을 소망하며

필자가 이 글을 시작하면서 이 글을 시작하게 된 배경을 언급하였다. 100주년기념교회가 2006년에 양화진외국인선교사묘원의 안내를 시작하여 2023년 말까지 100만 명의 방문객이 방문하게 되었다.

2024년 초의 양화진 역사 강좌의 한 주제로 '왜 백만 명이 양화진외국인선교사묘원에 왔을까?'를 설정하고 필자에게 강의를 요청하였다. 방문객들에게 설문지로 질문해서 내용을 정리하는 분석 강의도 불가능한 상황이어서 안내 봉사자들을 위한 사전 교육의 한 부분으로 필자가 강의해 오던 '양화진이 품은 의미'를 정리해서 발표하기로 마음먹었다.

그렇지만 주어진 주제를 벗어나거나 무시할 수 없는 상황이어서 방문객의 입지에서 생각해 보기로 하고 최초로 양화진 안내를 받았을 때의 느낌도 다시 떠올려 보고 안내를 준비하면서 품은 마음도 되뇌어 보았다. 그러다가 이곳에는 이런 것이 있기에 안내 프로그램도 만들고 방문객도 방문하는 것이라는 주관적인 관점에서 정리해 보는 길밖에 없음의 한계를 가지고 준비하였다.

그래서 앨빈 토플러가 명명한 Practopia를 차용해 와서 '낯선 만남의 Practopia'라는 부제를 정하고 먼 미래에 이루어질 Utopia를 향하며 인간이 소통하고 함께 해결하여 이룬 실천의 결실에 방향을 정하고 양화진에 본인이나 가족이 안장된 선교사를 중심으로 펼쳐 보았다.

이 마지막의 장에서 100만 명 방문의 의미와 우리에게 남겨진 Practopia에 대해 필자 나름대로 생각을 나누고자 한다. 다만 이런 느낌이나 바람이 모두 옳고 절대적이라는 주장은 아니다. 선교사들이 우리의 신앙 선조들과 함께 펼쳐서 오늘을 맞은 우리가 해야 할 일에 대한 의무감을 가진 세계 소시민적 사고 임을 분명히 하고자 한다.

100만 명 방문의 의미

참배객들은 이런 선교사들의 신앙과 사랑을 느끼고 이어받을 마음으로 방문하였거나 혹은 참배 후에 그런 얼을 깊이 느꼈기에 재방문하거나 다른 이들에게 방문을 권유하기도 하고 인솔자가 되어 양화진을 다시 찾기도 한다.

이렇게 이루어진 100만 명 참배객의 의미는 '양화진외국인

선교사묘원'이 기독교의 성지로 자리매김하게 되었음을 의미한다. 즉, 많은 기독교인이 선교사의 신앙과 얼을 이어받을 기독교 문화의 유산으로 받아들였다는 것이다. 기독교 문화유산의 하나인 성지로 인식한다면 이 성지를 누가, 왜, 어떻게 보존관리 하는가에도 관심을 기울여야 함을 내포하고 있다.

그런데 문화적 유산을 일사분란하게 잘 발굴하고 관리하는 천주교에 비해서 기독교는 개별 교회나 교단 중심의 체계로 총체적인 관심이나 주체가 없는 실정이다. '양화진외국인선교사묘원'도 유명무실한 '100주년기념재단'에 귀속되어 있으나 이 재단의 운영도 묘원의 관리도 한 교회에 맡겨진 실정이다.

비교적 잘 관리되는 이 묘원의 관리 운영이 이런 지경이라면 지방의 묘원이나 유적 또는 유산의 관리는 무방비 상태가 아닐까 염려된다. 심지어 어떤 유산은 도시계획이나 개발에 이미 훼손된 것도 있고 멸실 위기에 있는 것도 예상되는데 기독교계의 염려나 움직임은 감지되지 않는다.

문화유산은 장래의 문화적 발전을 위하여 다음 세대에 물려줄 만한 가치를 지닌 것을 의미한다. 일반적으로 물질적인 형태를 가진 유형과 형태가 없는 정신적인 것 등의 무형으로 구분된다. 무형이 전문가들의 영역이라고 한다면 유형은 문화향유자 전체의 몫이라 여겨진다.

100만 명 방문의 이룸이 향유자들이 문화유산을 인식하여 찾아온 결과라면 문화유산을 후대에 물려줄 수 있게 그 가치를 잘 보존하는 의무도 인식하고 맡아야 한다. 즉, 기독교 문화유산의 발굴과 지정에 대한 원칙도 세우고 보존관리를 위한 체계와 예산 및 운영에도 관심을 가지고 시작하는 계기가 되어야 한다는 의미이다.

문화적 대물림은 'They, There, Then이 We, Here, Now'로 얼을 이어받아 미래에 더 발전하는 계기로 삼는 것이다. 묘원의 안내자나 참배객들이 선교사들이 그 시기에 현장에서 행한 가치 있는 삶을 오늘 우리가 여기에서 지금의 삶으로 이어받아 가슴에 담고 실천하여야 한다. 이처럼 문화유산을 체계적으로 관리하는 것은 우리가 그랬듯이, 미래세대가 얼을 이어받는 증표로 교육과 느낌의 장으로 기념하고 기억하기 위함이다.

우리가 잇대어야 할 Practopia

낯선 만남의 Practopia에 잇댈 것들을 몇 가지만 찾아보자. 먼저 전래종교의 기본인 선교에 대한 정리에 대한 부분이다. 많은 연구자의 노력으로 '내한선교사사전'이 책자로 발간되었다. 아쉬운 점이 있다면 이 자료들이 Data Base로 정리되어 젊은이들이 열광하는 새로운 기술인 AI, Big Data, VR, AR, Game 등으로 활용할 수 있었으면 하는 바람이다.

지금이라도 늦지 않았다. 관련 전문가나 연구자들이 젊은이들과 함께 장을 마련해서 방향도 만들고 실행을 위해서 전략과 방안을 만드는 것이다. 쉬운 일은 아닐 것이다. 앞에서도 언급했듯이 현재의 실정에 맞게 교회가 나아가야 할 일을 젊은이들이 움직이는 동력과 문화로 만드는 일에 선각자나 지도자들의 노력이 필요하다.

이런 과정에서 간과하지 말아야 할 것이 기존의 정리되지 못한 영역이 먼저 해결되어야 한다. 예를 들자면, '양화진외국인선교사묘원'에 안장된 선교사나 가족을 포함하여 지방에 안장된 이들에 대한 조사와 보존의 일이다. 특정인이나 한 교회에 맡길 문제가 아니다. 전 교회가 참여하고 전문가는 물론 관계되는 기관이나 교회와 지도자들의 적극적인 참여가 요구된다.

나아가서 본국이나 다른 나라로 돌아가신 선교사들에 대한 조사도 좀 더 폭넓게 진행하고 관련 기관이나 관계자들과 협력하여 남겨진 자료나 삶의 이야기들을 잘 정리해서 데이터와 활용할 자료로 공유할 수 있는 틀을 마련하여야 한다. 더 폭을 넓힌다면 우리나라가 파송하는 선교사에 대한 정보나 자료도 정리하는 방안도 논의하고 시작하여야 한다.

천주교는 조직체계나 행정체계가 일원화되어 있어서 선교를 비롯하여 역사적 정리나 문화유산의 발굴, 보존, 관리가 잘 이루어지고 있다. 기독교도 선교 초기에 보여주었던 선교사들의 에큐메니컬 정신으로 협력한다면 더 알차고 의미가 있는 결실을 얻을 수 있고 후손들과 사회에 우리나라의 근대화를 올곧게 돕고 인도해 온 선교사들에 대한 새로운 인식과 각성을 안겨주는 계기가 될 것이 분명하다.

다음으로 선교의 역사에 못지않게 중요한 순교에 대한 역사적 정리와 대 이음도 좀 더 정밀하게 접근해 보아야 한다. '100주년기념재단'의 소유이고 '100주년기념교회'가 관리하는 '기독교순교자기념관'에 대한 문제도 그러하고 순교자의 선정이나 흩어져 있는 각지의 기념관들과의 관계 등도 전문적 체계적인 정비가 필요하다.

좀 더 바람을 나누자면 양화진은 단순히 장소적 의미만이 아니라 상징적 의미를 품고 있다. 양화진 문화는 선교문화의 상징이자 기독교 문화의 대명사와 같은 의미로 받아들였으면 한다. 이곳이 선교사에 한정되지 않아야 하고 새 지평을 여는 선교의 기본인 미래 지향적 기독교 문화의 장을 열어가기를 소망한다.

특히 선교사들이 심혈을 기울였던 교육 중에서 기독교 교육과 문화의 영역이다. 그렇게도 밝고 미래 지향적인 기독교 교육과 문화가 있어서 사회의 중심에 서 있던 시절은 아득한 옛 추억으로 사라져 버린 것이다. 물론 시대적으로 환경이 완전히 다르고 사회의 수준이나 인식도 크게 변했기에 이런 현상이 생겼을 수도 있다.

사회는 전통을 다시 찾고 문화를 잇는 것을 위해 무던히도 애쓰고 있다. 교회는 이전의 모습으로 돌아가는 처음 사랑의 회복에 열심을 기울이는 것 같지는 않다. 교회가 다시 한번 사회를 앞서가는 교육적 원칙과 문화적 움직임을 생각해 보지 못하면 현재 교회의 위치나 위상조차 유지하기 어렵다는 각성이 필요하다.

주일학교가 그 기능을 상실하고 존재 자체가 없어지는 교회가 늘고 있다고 한다. 이런 현상에 대해 누가 제대로 조사하고 진단해 보며 그 대책을 논하는 목소리조차 없음이 안타깝다. 사회는 온갖 범죄와 위험으로 들끓어도 교회는 아무런 대책도 없이 교인과 젊은이들 심지어 어린이들을 무방비 상태로 내주는 형국이 되는 모습이 너무도 무기력하지 않은가?

나서서 사회운동을 펼치자는 의미가 아니다. 적어도 교회가 정확한 판단과 진단으로 사회적 욕망과 욕심에 빠지기 쉬운 젊은이와 아픔을 지닌 사람을 보호하고 나아가서 예방하는 차원의 교육과 문화를 만들어야 한다는 생각이다. 사회가 죄악과 무능과 무관심으로 망가지는 분야에 대해서 교회가 밝고 맑은 미래적 문화를 바로 세워서 흘려보내는 역할을 감당하여야 한다.

선교사들은 하나님께서 우리에게 가르치고 주시고자 한 생명의 길로 인도하는데 자신에게 주어진 모든 것만이 아니라 가족과 그 후대까지 아끼지 않고 나누는 삶을 살았다. 그 길에는 충만한 기쁨과 영원한 즐거움이 있었기에 가능한 실천이었다. 그래서 이 땅에 '낯선 만남의 Practopia'가 이루어지는 밑거름과 밑가지가 되어 우리의 삶을 바라보면서 손짓하고 있다.

너무도 감사하고 감격하는 마음은 크지만, 이 무딘 글로 제대로 표현하지 못함이 아쉽기만 하고 그 얼을 제대로 잇지 못함에 부끄러움이 그득하다.

감사하는 마음

이제 이 모든 글을 마감하면서 정리할 시간입니다. 먼저 신앙도 부족하고 전문성도 떨어지는 데 글솜씨조차 형편없는 사람에게 이 원고를 마감하게 해 주신 주님께 감사드립니다. 그 어느 사람들보다 먼저 우리나라의 기독교 선교에 삶을 바친 모든 선교사와 그 가족들에게도 감사한 마음을 드립니다.

지금까지 이 묘역을 지키고 가꾸어 오신 분들과 연구에 참여한 모든 분께도 죄송한 마음과 감사의 마음을 나누고 여러 가지 봉사로 양화진의 오늘이 있도록 참여한 모든 분에게 표현력이 부족한 미안함과 감사를 나눕니다.

　이 책을 편찬하도록 도와주시고 친우의 마음을 나누어 주신 박진석 선생님, 터실터실한 초고를 다듬는데 도움을 준 이창희 군, 교정과 편집 등의 모든 과정을 맡았던 도서출판 '소락원' 관계자 분들께도 감사드립니다. 무엇보다 최초의 원고를 읽고 함께 염려도 나누고 격려도 준 짝꿍이 함께해 주어서 천군만마의 힘이 되었음과 감사와 사랑을 나눕니다.

　필자가 우리 가정의 최초의 기독교 신자로 불림을 받아서 이제는 3대에 이르는 기독교 가정을 꾸린 셈입니다. 짝꿍을 비롯한 딸 내외, 아들 내외, 자신이 1번임을 계속 고수하고자 하는 손주 윤호, 그래서 2번이 된 손녀 윤아, 이제 생후 150여 일의 손주 유주와 이 책을 함께 나누는 마음입니다.

양화진 기슭을 떠올리며

낯선 만남의
프랙토피아

초판 1쇄 발행 2025년 3월 07일
초판 2쇄 발행 2025년 3월 20일

지은이 설기환
펴낸이 이낙진
편집·디자인 심서령 이지은

펴낸곳 도서출판 소락원
주소 경기도 양평군 강상면 강남로 714-24
전화 010-2142-8776
이메일 sorakwon365@naver.com
홈페이지 www.sorakwon365.com
ISBN 979-11-990488-1-2 03230

＊ 책값은 뒤표지에 있습니다.
＊ 파본은 구입하신 서점에서 교환해 드립니다.